"中国劳模"系列丛书

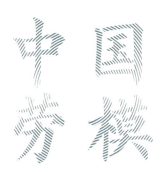

机电维修领域的智能工匠
刘源

郭泽琛◎著

吉林出版集团股份有限公司
全国百佳图书出版单位

图书在版编目（CIP）数据

机电维修领域的智能工匠：刘源 / 郭泽琛著.
长春：吉林出版集团股份有限公司, 2025.3. --（"中国劳模"系列丛书 / 徐强主编）. -- ISBN 978-7-5731 -6284-7

Ⅰ. K828.1

中国国家版本馆CIP数据核字第2025LE9167号

JIDIAN WEIXIU LINGYU DE ZHINENG GONGJIANG：LIU YUAN

机电维修领域的智能工匠：刘源

出 版 人	于　强
主　　编	徐　强
著　　者	郭泽琛
组稿统筹	东北师范大学文学院创意写作研究中心
责任编辑	王丽嫒
装帧设计	刘美丽

出　　版	吉林出版集团股份有限公司
发　　行	吉林出版集团社科图书有限公司
地　　址	吉林省长春市南关区福祉大路5788号　邮编：130118
印　　刷	唐山富达印务有限公司
电　　话	0431-81629711（总编办）
抖 音 号	吉林出版集团社科图书有限公司　37009026326

开　　本	710 mm×1000 mm　1 / 16
印　　张	9.5
字　　数	100 千字
版　　次	2025 年 3 月第 1 版
印　　次	2025 年 3 月第 1 次印刷

书　　号	ISBN 978-7-5731-6284-7
定　　价	58.00 元

如有印装质量问题，请与市场营销中心联系调换。0431-81629729

序　言

　　劳动创造财富，劳动创造幸福，劳动创造未来。习近平总书记在2020年全国劳动模范和先进工作者表彰大会上的讲话中指出："全社会要崇尚劳动、见贤思齐，加大对劳动模范和先进工作者的宣传力度，讲好劳模故事、讲好劳动故事、讲好工匠故事，弘扬劳动最光荣、劳动最崇高、劳动最伟大、劳动最美丽的社会风尚。"当今世界，综合国力的竞争归根到底是科技人才和高素质劳动者的竞争。改革开放以来，我们强大的工人队伍用辛勤的劳动和拼搏奉献的精神推动中国制造、中国智造、中国创造走向世界的前列，使新时代的中国面貌日新月异。大力弘扬劳模精神、劳动精神、工匠精神，加强高素质技能人才队伍建设，打造一支宏大的知识型、技能型、创新型劳动者队伍，是伟大时代赋予我们的历史责任。

　　劳动模范是民族的精英、人民的楷模，是共和国的功臣。自改革开放以来，广大职工勇立改革潮头，独立自主，奋发图强，勇于创新，其中涌现出一批批全国劳模和大国工匠。他们参与建设了代表中国高度、中国速度、中国深度的一系列重大工程，提升了国家实力，打造了"中国名片"，树立了"中国品牌"，增添了"中国力量"，充分释放出工人阶级的创新活力，展示出大国工匠的强大创造力。他们以工人阶级的满腔热忱在各自平凡的工作岗位上取得了辉煌的成绩，书写了新时代的壮丽篇章。

爱岗敬业、争创一流、艰苦奋斗、勇于创新、淡泊名利、甘于奉献的劳模精神，崇尚劳动、热爱劳动、辛勤劳动、诚实劳动的劳动精神和执着专注、精益求精、一丝不苟、追求卓越的工匠精神，是广大劳动群众在社会生产实践中锤炼形成的弥足珍贵的精神财富，是工人阶级伟大品格的具体体现，是民族精神和时代精神的生动诠释。民族复兴需要劳动模范，祖国强盛需要大国工匠，中国制造、中国智造、中国创造更需要大国工匠的强有力支撑。劳模、工匠等的成长故事、先进事迹中承载的劳模精神、劳动精神和工匠精神，是激励全国各族人民团结奋斗、勇往直前的强大精神力量。

"中国劳模"系列丛书，采用图文结合的方式，讲述全国劳模、大国工匠和先进工作者们的成长经历及他们追梦、筑梦、圆梦的故事，用他们在平凡岗位上创造不平凡业绩的真实故事感染读者，推动形成劳动最光荣、劳动最崇高、劳动最伟大、劳动最美丽的社会风尚，引导广大技术工人和青少年形成劳动光荣、技能宝贵、创造伟大的观念。

"匠心筑梦，强国有我。"新时代是一个万象更新、生机勃勃的时代，也是一个继往开来、创新创业和建功立业的大时代。希望广大读者能以劳动模范为榜样，以大国工匠为楷模，立志技能报国、技术强国，踔厉奋发，勇毅前行，锤炼思想品格，汲取劳动智慧，勇于担当、勤于钻研、甘于奉献，为推进新型工业化和乡村振兴，为加快建设制造强国、质量强国、航天强国、交通强国、网络强国、数字中国、农业强国，全面建设社会主义现代化国家贡献青春力量。

中华全国总工会副主席（兼）

中国航天科技集团有限公司第一研究院

211厂14车间高凤林班组组长

2022年11月

传主简介

刘源，1971年生，中共党员。重庆长安汽车股份有限公司机电维修首席技能大师、电气工程高级工程师，中国兵器装备集团有限公司技能大师，国家级技能大师工作室领衔人，重庆智能网联新能源汽车工匠学院院长，重庆市总工会兼职副主席，党的二十大代表，全国劳动模范。

刘源是家中最小的孩子，他的父母都是国营江陵机器厂的职工。父亲对刘源的人生产生了深远的影响，他不仅培养了刘源对电器维修的热爱和专注，也教导刘源要不断地思考和实践，使知识内化于心，外化于行。

1987年10月，刘源加入国营江陵机器厂29车间，开始了他的职业生涯。在平凡的岗位上，经过日复一日的磨炼、持续不断的钻研，刘源从普通的维修电工成长为大国工匠。

30余年来，刘源以实际行动践行着执着专注、精益求精、一丝不苟、追求卓越的工匠精神。为破解进口自动化设备维修被国外垄断的难题，他牵头解决重点设备故障问题1000余项，自创"看、听、析、查"四步维修法。

随着"刘源国家级技能大师工作室"在长安汽车渝北工厂正式建立，他参与行业标准制定，勤于传道授业解惑，累计授课时长达9891小时，先后培养出全国技术能手6名、中央企业技术能手及公司领衔专家5名、高技能人才160余名，激励众多青年走上了技能成才、技能报国之路。

目　录

第一章　晨露微光，兴起源始

扫码解锁

◎群英颂歌◎匠心独运
◎技术驱动◎奋斗底色

拜父为师，技能陪伴成长

　　山峦起伏的地形让重庆成为特殊年代工业发展的大后方，到了1971年，以国营江陵机器厂为代表的重庆汽车制造业进一步发展壮大，高大的烟囱与厂房矗立在大石坝上，形成了一道独特的风景线。

　　伴随着机器的轰鸣声，刘源出生在国营江陵机器厂的一个职工家庭中。在当时，国营江陵机器厂不仅是一家大型军工企业，更是一个独立的小社区。厂区拥有自己的学校、医院、食堂等完备的生活设施，为职工及家属的生活提供了便捷。厂区生活简单而温馨，邻里之间亲近得像一家人，伴随着母亲"幺儿，吃饭了哟"的吆喝，刘源才和玩伴依依不舍地告别。

　　"作业写完没？"父亲盯着刘源的眼睛问道。

　　"写完了，写完了。"刘源嘴里塞着食物，腮帮子鼓鼓的，含糊不清地回应着，说完又继续狼吞虎咽起来。

　　作为家中的幼子，父亲对刘源的学习成绩并没有像当今父母那样有过高的期望。因此，年少的刘源在完成作业之后，不是与小伙伴玩耍，就是跟在下班归来的父亲身后，观察他修理

⊙ 1976年，刘源（前排中间）和家人的合影

各种家用电器。

父亲喜欢坐在家里的旧木桌旁，摆弄桌上各种各样的工具：螺丝刀、钳子……还有被拆解开的设备零件。刘源坐在父亲身旁，乌黑的眼珠紧紧盯着父亲那双布满黄茧却灵巧的手。父亲的手指仿佛有魔力，灵巧地在那些复杂的线路间穿梭，时而用螺丝刀拧紧一颗微小的螺丝，时而又用钳子小心翼翼地夹起一根细如发丝的保险丝，对接到正确的位置。父亲的眼神十分深邃，仿佛整个世界都浓缩在了这方寸之间。

刘源屏住呼吸，生怕自己的喘气声打扰父亲。他看见父亲先用镊子取出出现故障的晶体管，后又轻柔而迅速地将新的配件准确无误地安装回原位。整个过程中，父亲虽然没有与刘源直接交流，但他专注的神情与娴熟的动作仿佛在说："看，这就是解决问题的过程，耐心和细心是关键。"

刘源被父亲的技艺深深吸引，双眼紧紧地盯着父亲正在修理的旧收音机。起初，他的眼神中闪烁着好奇与兴奋，仿佛父亲手中的螺丝刀每转动一次，都能打开一扇通往新奇世界的大门。

然而，随着时间的悄然流逝，小孩子的注意力难以持久，那些令人着迷的修理步骤，逐渐变得像一支悠扬的摇篮曲，在刘源耳边轻柔地响起。他的眼皮越来越沉，每次眨眼似乎都在无声地与睡意抗争。小脑袋不时地下垂，又猛然抬起，试图驱散那突然袭来的困倦。刘源渴望像父亲那样自己动手修理电器，他的小手原本紧握着一把小号螺丝刀，现在也无声地掉落在脚边。

父亲全神贯注于手头的工作，偶尔抬头望向儿子，即便是往常那样严肃的面容现在也不禁露出一丝微笑。父亲明白，对于孩童而言，这项枯燥且需要耐心的修理工作远不及动画片或游戏那样能引起他们的兴趣。然而，他仍期望通过这些时刻，让刘源亲身体验技术世界的奇妙，以及明白坚持和耐心的重要性。

他轻手轻脚地起身，为儿子盖上了薄毯。刘源从尚不安稳的睡眠中惊醒，抬头望向父亲，眼神中充满困惑，问道："爸爸，您总是回家后还修东西到很晚，您不觉得累吗？"

父亲看着儿子，微笑着回答："确实有些疲惫，但从事自己热爱的工作总是愉悦的。我像你这么大的时候，就对各种机械装置产生了浓厚的兴趣，长大后更是热衷于拆解和维修设备。遇到难题时，我会观察别人如何操作，然后自己在一旁琢磨其中的奥秘。记得刚进厂做学徒时，面对许多复杂的修理工作，我常常感到力不从心，每天只能干些基础的活儿。但那时我就告诉自己，无论多难，都要弄明白自己需要掌握的技术。"

刘源认真地点头，似乎有所领悟："那之后呢？"

父亲继续讲述："随着时间的推移，我的技术日益精进，开始参与一些复杂的项目。我总是能够按时保质地完成任务，并且提出一些有价值的改进建议。渐渐地，我赢得了领导和同事们的信任和尊重。后来，厂里选举职工代表，大家认为我工作勤奋，技艺精湛，便推选了我。"

刘源充满敬意地看着父亲："爸爸，您真了不起！我也要像您一样，勤奋学习，不断提升自己。"

父亲笑着轻抚儿子的头："孩子，记住，无论做什么，都要脚踏实地，扎实地掌握专业技能，一步一个脚印地前进。你只要全身心投入其中，终有一天会获得大家的认可和尊重。"

刘源坚定地点头："嗯！我明白了，爸爸。我会努力学习，将来也要成为像您一样厉害的人！"

父亲看着儿子坚定的目光，心中充满了欣慰和期待。他的言传身教不仅让刘源在日常生活中保持不懈的努力，也为刘源未来的职业发展奠定了坚实的基础，成为刘源成长道路上的宝贵财富。

在刘源14岁的那一年，他正式拜父为师，开始了学徒生涯，学习电路等相关知识。那时，他的父亲已是国营江陵机器厂广播台和江陵医院的设备维修专家，虽然已经退休，但对电子技术的热情依旧不减，乐于将其毕生所学传授给刘源。父亲的教导并非枯燥的理论知识。他让刘源坐在自己身边，在实际维修中熟悉各种工具和零件。得益于儿时的兴趣，刘源开始尝试自行安装声控彩灯。这段光与声的探索之旅并非一帆风顺，他先后攻克了彩灯信号线与声控器对接、卡带机功放电路及音

⊙ 1974年，刘源（左）与父亲的合照

箱安装调试等技术难题。

每当刘源遇到难题或疑惑时，父亲总是耐心地引导他，鼓励他自己寻找答案。在父亲的影响下，刘源的学习过程变得富有乐趣。他的学习不再只是为了分数，而更多是为了满足自己的好奇心，探索未知的世界。这种对知识的渴望和追求，使刘源在成长的道路上越走越远。父亲丰富的经验让刘源迅速掌握了安装声控彩灯的基本技巧，但他并未满足于此，而是将目光投向了家中那台出现故障的黑白电视机。电视机的内部结构更为复杂，但在父亲的指导下，刘源逐渐了解了电视机的工作原理和维修方法，能够独立维修了。

父亲的指导不仅让刘源对电子技术有了更深刻的理解，也加深了他对维修电工工作的认识。他明白，只有扎实的理论知识才能支撑起实践操作。因此，刘源开始努力学习，为将来成为一名维修电工做着准备。

严师教诲，德智双重培育

1978年，刘源踏入国营江陵机器厂第二小学的大门。那时的学校并未开设多样化的兴趣班来丰富学生的课余生活，在很长一段时间内刘源都是单调地学习课本上的文化知识。

到了三年级，学校宣布开设兴趣班，尽管种类不多，但有科技班、足球班等供学生们选择。科技班的报名通知让小刘源眼前一亮，父亲潜移默化的影响使他对科技班的学习内容充满好奇。父母从不干涉他的选择，所以刘源如愿加入了科技兴趣班。该兴趣班的主要活动是制作各种模型，如汽车模型、飞机模型等。

由于当时汽车的普及率很低，刘源缺乏足够的实物参考，更不用说飞机了。幸运的是，父亲几乎在每个项目上都给予了他极大的帮助。父亲凭借自己渊博的知识和丰富的经验，从挑选零件到组装拼合，都引导刘源自己动手解决问题。

刘源的父亲当时在江陵医院负责设备维修工作，拥有独立办公室，这为刘源提供了一个比家里更适合制作模型的场所。得益于父亲的鼓励与帮助，刘源每次制作的模型都造型流畅、细节精准，在兴趣班中赢得了老师和同学们的一致赞赏，这也让刘源更深刻地感受到了学习过程的充实与乐趣。

在小学生活中，教数学的邓老师给刘源留下了极为深刻的印象。一次课间，刘源正坐在座位上，眉头紧锁，对着一道讲过的数学题沉思。他的内心正经历着求知欲与面子之间的挣扎，既想知道答案又害怕被老师责备。这时，邓老师走了过来，轻拍了下他的肩膀，说："刘源，遇到难题了吗？来，我们一起看看。"

刘源有些不好意思开口："老师，这道题您讲过之后我还是不太会分析。"

"没关系，我们一步步来。你看，这里应该先画一个线段图来梳理已知条件……"邓老师耐心地指导起来。

随着线段图的完成，刘源兴奋地说："哦，我明白了！谢谢老师！"

"不用谢，遇到其他问题可以随时来办公室找我。"

后来，每当刘源在学习上遇到难题，邓老师即使牺牲休息时间也会不厌其烦地为他讲解，直到他完全理解。邓老师的丈夫是这所学校的教导主任，同时与刘源的父亲私交甚好，他们经常交流刘源的学习和成长情况。每当刘源犯错或表现不佳时，邓老师都会直接告知他的父亲。这种直接的沟通方式让刘源感到压力，但也让他始终保持着良好的行为习惯。

升入中学后，刘源的成绩在新班级中名列前茅。初中班主任穆老师也是一位严格的老师，她平等地关爱每一位学生，并根据每个人的具体情况做出个性化的调整和安排。

穆老师坐在办公桌前，目光锐利："刘源，我听说你在小学表现不错，来到这里，咱们要更进一步。"

刘源望向老师，随即羞涩地低下头："谢谢老师，我会努力的。"

穆老师放下茶杯，语重心长地说："嗯，你是个好苗子。考大学虽然是一个不错的选择，但道路不止一条。职业高中也是个不错的选择，学生既能学习知识，又能掌握技能。你得好

⊙ 1984年，刘源（前排左二）与同学的合影

⊙ 1985年，14岁的刘源

好考虑自己的未来。"

她还将班上成绩最好的同学安排给刘源做同桌，帮助他学习进步。这种关怀和用心让刘源深感温暖和感激，不仅帮助他找到了当时努力的方向，也成为他后来培养徒弟时的力量之源。

1986年，刘源凭借自己的勤奋与努力，成功考入一所职业高中。在校期间，他选择了机修钳工专业。这个班级主要教授钳工的基础知识，包括各种工具和设备的使用方法，以及基础机械操作技巧。刘源如饥似渴地吸收着这些宝贵的知识，其中，机械制图的学习对他影响最大。通过学习，他能够精准地操控线条，将它们绘制成型，从简单的几何图形到复杂的机械部件。刘源深知，机械制图不仅是掌握技术的体现，更是对精确度的极致追求，他总是尽己所能，力求做到最好。

然而，充实的学习生活并未持续太久，刘源入学不到一年就离开了学校，这主要是因为改革开放后，国营江陵机器厂也在进行一场大规模改革。厂里突然宣布1986年将是最后一年允许员工亲属接替退休员工的职位，"铁饭碗"的时代即将结束。

刘源的父亲对厂里政策的改变感到忧虑，其他孩子的工作都有了着落，可自家最小的孩子还在职高读书。他常常蹲在家门口沉默地吸烟，长长的烟灰散落在地上，火星儿几次逼近他布满老茧的指节。

一天晚上，父亲很晚才回到家，与刘源的母亲闭门长谈后，宣布让刘源去接替他的工作。以当时的情况，父亲担心刘源完成职高学业后难以找到稳定的好工作。如果那样，他还不如提前病退，让刘源去工厂接班。这样既可以解决刘源毕业后的就业问题，自己也可以安心地享受退休生活。刘源对父亲的安排并没有太多异议，决定接班的那一刻，不是一时冲动，他的心中涌起了一种难以言喻的复杂情感。他深知，父亲的决定是经过深思熟虑的。

办理完退学手续后，刘源没有立即离开校园，而是独自漫步在熟悉的操场上。他回忆起在这里度过的短暂时光，那些欢笑与泪水，那些挑战与成长，如同电影般清晰地浮现在脑海中。

最终，刘源走出校门，眼神中的遗憾也逐渐消散，取而代之的是超越同龄人的冷静与泰然。他深知，自己即将踏上一条充满未知与挑战的道路，但他坚信，只要心中有梦，脚下就有路。尽管他在短暂的学习生涯中只学习了些基础的知识和技能，但对他后来的学习和工作依然产生了深远的影响。

第二章　水滴石穿，见证坚毅

扫码解锁

◎群英颂歌◎匠心独运
◎技术驱动◎奋斗底色

年少进厂，切削磨炼毅力

1987年10月，刘源加入国营江陵机器厂29车间，开启了他人生中的职业篇章。刚开始，他在车间担任车工，主要负责弹体的车制工作。

刘源身穿一件略显宽大的蓝色工作服，袖口随意地卷到肘部，露出瘦削的手臂。他的头发被汗水微微打湿，贴在额头上，眼睛却异常明亮，闪烁着坚定的光芒。他站在一台体积庞大的车床旁，身形与周围的工友相比显得格外单薄。工友老高略带沙哑的嗓音响起："嘿，小子今天又这么早啊？是不是怕我们这些人偷懒，特意来监督我们的？"

刘源的脸颊微微泛红，尴尬地笑了笑，轻轻地摇了摇头，没有反驳，只是默默地拿起一旁的抹布，开始擦拭工具上的油污。

老高走过来，带着几分调侃开口道："小刘，咱们这可是夸你呢！年纪轻轻就这么有责任心，将来肯定有出息！"

刘源抿唇正要开口，抬眸看到杨师傅正迎面走来。杨师傅的脚步稳健，每一步都显得那么有力。他身穿蓝色工作服，手里拿着工作记录本，神色严肃但语气亲切地说："刘源，来，今天的工作计划是完成这批零件的加工，数量是200件。记住质量得按照咱们之前说的标准来，不能有丝毫马虎。"

刘源认真点头："好的，师傅。我会严格按照要求来做，保证完成任务。"

车间一角，阳光透过窗户，洒在了历经岁月洗礼的车床上。刘源第一次独立在车床上加工产品，他小心翼翼地拿起切削刀具，对准了固定在车床上的金属坯料。随着车床的缓缓启动，坯料与刀具之间摩擦发出一阵有力的嗡嗡声，仿佛是老式车床独有的韵律。在加工过程中，车床必须使用切削液，以防产品在加工过程中受损。刘源戴上手套，启动设备，切削液就自动浇在刀具与坯料接触的部位。切削液一接触高温的金属，立刻发出一阵细微而清脆的噼啪声，液体与金属之间仿佛在进行一场短暂而激烈的交锋。

随着切削的深入，切削液的作用越发明显。它像一层薄薄的护盾，有效地降低了切削产生的温度和摩擦，减少了刀具的磨损，同时，也将产生的切屑及时冲走，保持了加工区域的清洁。在切削液的辅助下，刘源的操作变得越来越顺畅，切削出的产品也逐渐呈现出令人满意的形状和光泽。

老式车床所有的操作步骤都需要手动完成，然而，由于切削液的存在，在工作过程中操作者的手套经常都会湿透。刘源的手长期泡在切削液中，常常都是忍受着肿胀过敏的不适，高效完成着紧张而繁重的生产任务。

　　由于客户的需求量非常大，工厂方面要求刘源和同事们每班必须生产出120件产品，并承诺只要多做出产品，就会有更多的奖励。每班120件是一个相当高的生产目标，但他们还是接受了这个挑战。在完成定额任务后，刘源向着奖金进发。年轻的闯劲儿与奖金的诱惑敦促着刘源不断提高速度，缩短制作时间。辛苦劳作的刘源拖着疲惫的身躯归家，超负荷的工作令他抬手都觉得酸痛，但他依旧咬牙坚持着。车床上需要转动的工件有六七十斤重，除了要锻炼手臂力量，转动的巧劲儿与更快的进刀速度也成为刘源奋力追求的目标。经过两三个月的努力，每多做一件产品奖励的两分钱在机器的轰鸣与挥洒的汗水中不断地累积。

　　到发工资时，刘源凭借自己劳动拿到的工资比正常工资高出二十多块钱，他的产量基本上已经和班组里的老师傅持平了。

　　"嘿，小子，很厉害嘛。"在老师傅们的惊叹声中，刘源红着脸接过自己的工资和奖金。他疲累的身体变得轻快，所有流过的汗、吃过的苦都化成了工作中的动力之源。

　　为了犒劳自己，刘源抽出了部分奖金支持自己喜爱的摄影事业。在那个年代，除了购置相机是一笔不小的开支，购买胶卷以及冲洗相片也花费不少。恰好刘源的父亲和大哥也对摄影非常感兴趣，为了节约成本，父子三人不凡的动手能力派上了用场，他们在家中制作了一套冲洗底片的装置。这套装置虽然看起来简陋，可是冲洗罐、温度计与计时器的安装位置却十分得当，能够冲洗出合格的相片。随着晾干架上的底片慢慢显影，刘源兴奋地向父亲和大哥分享自己捕捉的美好瞬间。刘源端详着手中的相片，想到外边冲洗照片高昂的价格，心中对技能创造财富这句话的分量有了更多的实感。

转变身份，书籍指引前路

经过半年的辛勤耕耘与不懈努力，刘源凭借出色的表现和扎实的技能，在选拔招聘中脱颖而出，成功实现了从车工到维修电工的华丽转身。这一改变不仅是对刘源过去努力的肯定，更令刘源的心中产生出对未来发展的期许。

在维修电工的岗位上，刘源承担了工厂关键技术设备——可控硅中频加热设备的维修任务。这台设备对工厂生产运行至关重要，其稳定运行保证了生产线的流畅性。刘源深刻意识到自己肩负的重大责任，也感受到了前所未有的挑战。在维修过程中，他经常遇到陌生的电器设备和复杂的线路及元件。在自我探索的过程中，他清楚地认识到，仅依靠以往的经验和技能，已不能满足新岗位的工作要求。

　　经过一段时间的岗位适应，刘源注意到三台关键设备的维护工作仅由张其敬师傅一人承担，而自己由于对相关设备和操作流程不熟悉，经常无法提供有效的协助。面对人手不足和难以介入的困境，刘源并未逃避，反而更加深刻地认识到持续学习和不断积累经验的必要性。

　　刘源想起了家里有许多父亲的藏书。他回家翻找统计之后，惊喜地发现与电子设备相关的书籍数量占据了父亲藏书的大多数，能解决他在工作中遇到的不少问题。在这之前，工作的疲累让刘源在家里面很少看书，但利用下班后的休息时间看书学习却是个不错的选择。

　　于是，每天下班后，当同事们纷纷踏上归家的路途，刘源就选择留在车间的一隅，或是走进灯火通明的图书室。他的背因长期劳作微微弯曲，可他的目光在昏黄的灯光下显得格外沉静、坚定，仿佛在宣告他的决心——不断学习，不断进步。

　　他翻阅着一本本厚重的专业书籍，那些复杂的机械原理、先进的生产工艺，宛如一座座高峰等待着他去征服。每当遇到难题，刘源就会不由自主地紧锁眉头，他的眼中却始终闪烁着坚定的光芒。他仔细研读每一个概念、每一幅插图，唯恐遗漏任何细节。若复杂的原理仍未在脑海中清晰成形，刘源便会向师傅求教，反复琢磨，直至问题得到圆满解决，他的脸上才会绽放出满意的笑容。有时，刘源会在书页的空白处记录下自己的思考或绘制简图，这些随手记下的笔记，也为他在解决问题时提供了恰当的思路。刘源将工作之余的时间全部投入学习，书籍成了他最亲密的伙伴，陪伴他度过无数个日夜，帮助他逐渐理解了那些曾经让他感到困惑的电器设备，这些知识如同印记一般，深深地烙印在了他的脑海中。

日积月累，一本又一本书都留下了刘源阅读的痕迹，他对电气设备的各种线路及元件有了深刻的理解，也收获了不断追求知识带来的成就感。他深知，这一切的成就都源于自己的不懈努力和持续学习。无论面临何种挑战，只要保持一颗学习的心，"知不足而奋进，望远山而前行"就一定能够有所收获。

刘源的勤奋和努力赢得了大家的认可，很快便得到了厂里的肯定。1989年9月8日，刘源身着崭新的工作服踏入了工会办公室。办公室里弥漫着温馨而庄严的气氛，四周的墙壁上悬挂着历次工会活动的照片，也记录着国营江陵机器厂的成长与变革。刘源站在几位工会领导面前，他的目光中既流露出紧张也透露出坚定。工会主席是一位面容慈祥、目光如炬的老工人，他微笑着对刘源说："年轻人，加入工会后要更加努力，承担起更大的责任。你准备好了吗？"

刘源用力地点了点头，眼中闪烁着坚定的光芒，他从老师傅手中接过工会会员证，那一刻，他仿佛接过了一根接力棒，感受到了肩上的重任。会员证中印着"全世界无产者，联合起来"的红字标语，仿佛在诉说着工人们的奋斗与坚持，也激励着他勇往直前。

随后，在工会成员热烈的掌声中，刘源正式成为国营江陵机器厂工会的一员。他激动地环顾四周，看到了那些心中敬佩的前辈们，如今自己也成了与他们并肩作战的伙伴。他们的笑容、他们的掌声，都是对刘源最真挚的欢迎与鼓励。

那一刻，刘源的心中充满了感激与决心。他感激国营江陵机器厂给予自己这样一个实现自我、收获荣誉的平台，也感激工会这个大家庭给予自己温暖与支持。他决心用自己的行动来回报这份信任与期望，用汗水和智慧守护工会会员的身份。

知识为翼，理论实践兼修

1989年，因工作需要，刘源被调至国营江陵机器厂设备大修车间。他主要负责各车间设备的中修与大修任务，同时，他还承担新制设备的制造、外购设备的采购工作，以及生产线的安装和调试工作。

由于工厂内设备多且技术层面广泛，维修工作难度颇高，工作压力"大得惊人"。但与刘源共事的维修师傅们个个都能独当一面。

对于刘源来说，突破专业知识的壁垒是他首先要完成的挑战。新的维修任务涵盖广泛而深入，从基础的电路原理到复杂

⊙ 刘源的工会会员证

的机械设备结构，每一个细节都要求他投入大量时间去学习和掌握。那些电路图、设备名称，以及各种专业术语，宛如一座座高峰，考验着他的记忆力和理解力。

实践操作的难度同样不小。虽然理论知识至关重要，但在实际维修工作中敏锐的洞察力和精湛的技艺也必不可少。刘源必须掌握如何迅速而准确地识别故障点，以及如何在不损害设备的情况下进行有效维修。每一次实际操作，不仅是对他技能的检验，也是对他耐心程度和细致程度的考验。

在大修车间，工作节奏紧张且压力重重，工人经常需要应对突如其来的状况。设备故障有时发生在深夜或节假日，这要求刘源必须时刻准备并快速响应。在紧急情况下，他需要迅速作出判断，采取有效措施，以确保设备的稳定运行，这无疑是对他的心理素质和应变能力的重大考验。

此外，时间管理成为刘源面临的另一个重大挑战。维修工作通常时间紧迫，任务繁重。他必须在有限的时间内，合理规划工作流程，确保每一项任务都能按时完成，同时还要确保维修质量和操作安全。

面对这些挑战，刘源以坚忍不拔的意志积极应对每一个困难，用勤奋和智慧跨过每一个障碍。不久，厂里传来消息，车间领导小组将对工人进行业绩考核。为了更好地适应新的工作要求，刘源迫使自己不断进步，加强专业知识的系统学习。他深知，只有不断学习，才能跟上工厂的步伐，避免被淘汰。他的心中始终有着对新知识、新技能的渴望。他更加积极主动地利用每一分每一秒的业余时间，如海绵吸水般贪婪地吸收着各种新知识。

这段时间，国营江陵机器厂的51车间弥漫着机油与汗水的味道，刘源迎来了他职业生涯中的关键时刻——参加厂里的考工升级考试。这次考试不仅是对他专业技能的全面检阅，更是他攀登更高职业阶梯的重要一步。

车间的白炽灯映照在刘源专注的面庞上，他深吸一口气，心中默默回顾着无数个日夜的辛勤付出。从理论知识的深入钻研到实践技能的反复锤炼，再到日常工作的勤勉尽责，刘源未曾降低过对自己的要求。

考试由理论、实践和业绩考核三部分组成。在理论考试部分，面对密密麻麻的题目，刘源沉着冷静，凭借扎实的知识基础和良好的理解能力，迅速而准确地完成了所有题目。试卷被收走的那一刻，他的脸上洋溢着自信的笑容。

紧随其后的实践考试，是对刘源技能水平的直接检测。在车间内，他熟练地操作着各种工具和设备，动作流畅且精确。无论是复杂的机械装配还是精细的故障诊断，他都能轻松自如地应对。在场的考核领导和同事们纷纷投来赞赏的目光，对他的高超技术表示钦佩。

最后一项是业绩考核。刘源展示了过去一年的工作记录和成果，每一项工作都完成得无可挑剔，不仅效率高，而且质量好。他的工作态度和业绩成果获得了领导和同事们的一致好评，业绩考核获得高分数也是顺理成章的。

考试结果揭晓时，刘源以理论98分、实作98分、业绩考核91分的优异成绩，成功晋升为四级工。那一刻，他的心中充满了激动与喜悦。他明白，这份荣誉不仅是对他过去努力的肯定，更是对他未来发展的激励与鞭策。

同事们纷纷向他表示祝贺，拍着他的肩膀说："刘源，你真是太棒了！你的努力我们都看在眼里，相信你在未来的工作中一定会表现得更加出色！"

刘源微笑着回应着大家的祝福，心中却不敢有丝毫懈怠。因为在很长一段时间里，进口高端智能制造设备的核心技术一直被国外制造商垄断。"那个年代，有些专业术语连翻译都难以理解。各种控制元件、自动化系统编程就像'天书'一样。"刘源坦诚地说。因此，他精心挑选了"直流伺服调速""数控系统"和"变频技术"这三项前沿且实用的理论技术作为自己的学习目标，他决心要在这些领域进行深入研究，取得成绩。

对于"直流伺服调速"技术，刘源倾注了许多心血和努力。这项技术能够实现对电动机转速的精确控制，其精妙之处在于通过精细调节电动机的电压和电流，就像指挥一场交响乐一样，使电动机按照既定的节奏和速度稳定运行。刘源通过自学和实践，不仅深刻理解了这项技术的基本原理，还掌握了如

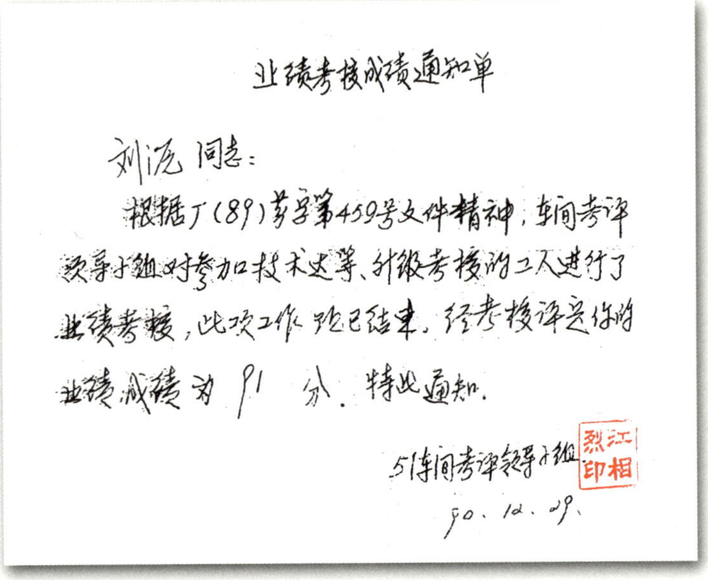

业绩考核成绩通知单

刘源 同志：

根据丁（89）劳字第459号文件精神，车间考评领导小组对参加技术达等、升级考核的工人进行了业绩考核，此项工作现已结束。经考核评定你的业绩成绩为 91 分。特此通知。

5车间考评领导小组
90.12.09.

⊙ 1990年，刘源业绩考核成绩通知单

一九九一年工人技术达等级、考工升级考试、考核

成 绩 通 知 单

51 单位 刘源 同志，参加厂工人技术达等级和考工升级考试、考核已结束，现将各项成绩通知如下：

报考工种	等级		考试成绩				业绩考核得分
	达级	升级	达等级		考工升级		
			理论分	实作分	理论分	实作分	
电工		4			98	98	91

江陵厂工人技术考试、考核评审办公室

一九九一年 月 日

⊙ 1991年，刘源考工升级考试、考核成绩通知单

何在实际操作中灵活应用，使得设备在他的操控下如同自己的手臂一样，工作时准确无误。

随后，他的视野扩展到了更为宽广的"数控系统"领域。数控系统是由计算机控制的程序，它宛如一个智能的大脑，能够依据预先设定的程序，自动执行各种复杂且精细的任务。刘源通过深入研究，不仅领悟了数控系统的工作机制，还精通了其操作技巧，这使他在自动化技术领域迈出了新的一步。

他还将探索的触角伸向了对"变频技术"的学习。变频技术，这项能够调整电力频率的神奇技术，宛如一位魔法师，只需轻轻一挥魔杖，便能使电动机的运行速度随需求改变。刘源通过学习，不仅掌握了变频技术的基础原理，还学会了如何在实际应用中发挥其效能，使得设备在他的操控下更加高效、节能。

为了进一步提升自己的专业技能，刘源除了注重理论知识，也十分重视实践技能的增强。从1997年到2000年，除了参与工厂组织的西南兵器工业技术大赛赛前培训班，他还自费参加了多个培训班的学习。

由于工作需要，刘源每天都必须承担繁重的生产任务，但他从未因此放弃学习。白天需要正常上班，刘源便利用晚上的时间参加培训班或自学，无论是寒冷的冬季还是酷热的夏季，他都未曾有过丝毫懈怠。他仿佛是一位不知疲倦的战士，始终坚守在学习的阵地上。从基础的机械操作到高精度的设备调

⊙ 1997年，刘源（二排右一）参加西南兵器工业技术大赛赛前培训班合影

试，他都一一掌握。在培训现场，他认真观察、仔细揣摩，每一个操作要点都牢记于心。他的双手因长时间劳作而布满厚茧，这正是他努力奋进的见证。

经过这段时间的学习，刘源不仅掌握了电气设备的维修技术，还深入理解了其工作原理和操作方法。他的理论知识和实际操作能力都有了显著提升，为他未来的工作和发展打下了坚实的基础。

刘源的学习之路并非一帆风顺，他也曾遭遇挫折和失败。但每当这时，他都会想起那句"学如逆水行舟，不进则退"。于是，他重新振作，以更加坚定的步伐继续前行。有时，在奔波抢修后翻开书本学习时，他会感到一种难以言喻的困倦，眼皮沉重得仿佛挂着铅块，每一次眨眼都像是在与睡意进行一场无声的较量。然而，想到那些难以解决的问题和纠缠不清的思路，刘源内心的韧性又让他亢奋起来。洗把脸后，他重新沉下心来攻克难题，就这样，刘源在学习的道路上越走越远，他的技艺也日益精湛。

第三章　情牵爱侣，心向党旗

扫码解锁

◎群英颂歌 ◎匠心独运
◎技术驱动 ◎奋斗底色

情深意长，爱人全力支持

调任至大修车间，对刘源而言，是人生旅程中一个至关重要的转折点。正是在这片充满机遇与挑战的土地上，他遇见了命中注定的伴侣。当时的刘源，在外人看来条件并不突出，这也导致了女方家对他们的恋情一直持保留意见。然而，刘源在车间里勤奋尽责，凭借他出色的业务能力，赢得了领导、同事的普遍赞誉。在日常生活中，他尊敬师长，以温和的态度待人，也获得了他人认可。加之两人情感深厚，女方家最终被这份真挚的情感打动，同意了这段姻缘。

刘源的妻子聪慧能干，自他们结婚以来，她对刘源所承担的每一项工作都表现出了高度的支持与认可。无论刘源在工作中遇到何种挑战或困境，她总是坚定不移地站在他身边，用她温暖的话语和实际行动给予刘源无尽的鼓励与帮助，成为他职场征途中最坚实的后盾。

从他们爱情的结晶——孩子诞生的那一刻起，直至孩子踏入学校的大门，刘源几乎未曾因孩子的成长琐事而分心。如今回望，刘源半开玩笑地说，自己仿佛是个"缺席"的父亲，因

⊙ 1992年，刘源与爱人在公园游玩时留影

为孩子在他不经意间就长大了。这背后，全赖于他的爱人，她在家庭中默默承担起了绝大部分的育儿责任，并用她的爱与智慧，为孩子营造了一个温馨而充满爱的成长环境。

无论是在温馨的家中，还是在忙碌的工作场合，刘源的爱人始终是他最坚定的支持者。她的支持不仅体现在对家庭琐事的耐心打理上，更体现在她对刘源职业抱负的深刻理解与尊重上。每当刘源有重大比赛或要进行项目攻关时，她总是主动承担起家庭的全部责任，使他能够毫无后顾之忧地全情投入工作。即便在孩子尚小，需要更多照顾的时候，她也从不抱怨，反而以她的坚韧和乐观，确保刘源能在工作上专心致志。

后来，刘源从熟悉的大修车间转至冲压车间。过去，大修车间离家步行仅需10分钟，现在，冲压车间却位于20多公里外，往返40多公里的路程成了刘源每日必须面对的挑战。因此，他不得不每天清晨就匆忙出发，直到夜幕降临才拖着疲惫的身体返回家中。

日复一日，刘源的工作时间常常长达12小时。更复杂的是，冲压线使用的是最先进的设备，这要求刘源必须迅速掌握全新的技术知识。而当时的维修团队尚未完全建立，许多技术问题都需要刘源独自解决。为了保证设备的24小时连续运行，刘源随时待命，准备应对任何紧急情况。

每天清晨6点多，刘源便踏上上班的路途，直至晚上6点多才拖着疲惫的身体回家。即便回到家中，刘源也必须保持手机畅通，一旦接到紧急电话，无论是深夜还是凌晨，他都得立即响应。每当手机铃声划破刘源家宁静的夜晚，他都迅速翻身下床，一边按下接听键，一边匆忙抓起衣物穿上。重庆的冬天与北方不同，空气中带有阴冷的寒意，似乎总是笼罩着一层看不见的水汽。由于家中的隔音效果不佳，为了避免吵醒家人，刘源只得拉开阳台门到外面接听电话。低温让睡意蒙眬的刘源打着寒战，他裹紧衣服，深吸一口气，整理好混乱的思绪后便开始指导工友解决问题。如果问题不能迅速得到解决，刘源就必须立即前往工厂亲自处理。

一天，夜幕刚刚降临，一阵急促的汽车引擎声打破了宁静，紧随其后，一个响亮且略带焦虑的声音在楼下响起："刘源！刘源！紧急情况，快下楼！"

屋内，刚躺到床上还未入睡的刘源，一听到那既熟悉又紧迫的呼唤声，立刻站起身，他对妻子匆匆说道："我得走了，有紧急情况。你别担心，先睡吧。"

妻子带着忧虑但理解地点点头："好的，快去吧。注意安全。"

刘源迅速穿好衣服，快步走向门口，回头给了妻子一个安抚的微笑，然后急忙下楼。门外，领导的车已经启动，车灯在夜色中闪烁。

刘源跳上车，关上车门："领导，发生了什么事？"

领导的表情严肃而专注："工厂的进口设备出现了问题，

我们必须立刻赶过去。"

车辆飞速驶出小区，消失在夜色中，只留下一串回荡在空中的发动机的轰鸣声。而在刘源的家中，妻子站在窗前，目送车影远去，心中默默祈祷。

在那段日子里，这样的情况时有发生。妻子也经常被这种突如其来的压力所困扰，一个深夜的电话就能轻易打破她的平静，让她整夜难以入睡。那时，电话铃声仿佛成了他们心中最紧张的警报，每一次响起都让人感到心惊。

巨大的工作压力严重影响了刘源的睡眠质量，他经常在床上辗转反侧，难以进入深度睡眠。有几次，他在梦中遭遇紧急难题，半夜惊醒后起身，在妻子的安慰下才意识到那只是梦境。重新躺回床上的刘源难以入睡，而妻子次日的疲惫也让他深感内疚。有时，为了修理机器，刘源甚至连续两三天不回家，吃住都在车间，直到问题彻底解决。他眼下憔悴的黑眼圈顽固地占据着他的面容，而手机铃声响起时就头疼的毛病也是在这段时间形成的。

由于忙碌和劳累，刘源常常在街上匆忙解决一餐，但频繁的外出就餐和不规律的睡眠逐渐对他的健康造成了严重影响。在一次刘源住院后，刘源的妻子做出了一个重要的决定——提前退休，回归家庭，成为一名家庭主妇。从那以后，每天当刘源推开家门，迎接他的总是一桌精心准备、热气腾腾的佳肴，这些不仅滋养了他的身体，更温暖了他的心灵。

⊙ 上图　1997年，刘源一家三口合影
⊙ 下图　2023年，刘源夫妇的合影

正是有了妻子支持，分担了刘源的忧虑与不安，他才得以在那段艰难的时期坚持下来。妻子的爱与支持，如同灯塔一般照亮了刘源前行的道路，赋予了他面对所有困难与挑战的勇气。

尽管岁月流转，刘源和妻子的生活经历了无数波折与变迁，但在那些充满挑战与不易的岁月里，他们始终携手同行，共同面对风雨。

积极入党，使命挺膺担当

刘源在求知的道路上不断前行，他的技艺越发精湛，他逐渐成为车间中的技术精英。

每当面对紧急维修任务和突发故障时，刘源总是第一时间响应，以满腔的热情与同志们并肩作战。对于棘手问题，他勇于担当，率先垂范，经常加班加点，确保故障及时排除，展现出不畏艰难、爱岗敬业的高尚品质。他深知在维修工作中，时间就是效率、就是安全。因此，无论是深夜还是节假日，只要接到任务，他总是毫不犹豫地投入抢修工作，以高度的责任感和使命感，确保设备正常运行。这种勇于担当的精神和付出，被领导和同事看在眼里，记在心间。不久后，刘源便向党组织递交了入党申请书，并通过审核程序被确认为入党积极分子。

1996年12月，刘源如愿以偿加入了中国共产党。入党后，刘源与同事们的合作更加默契。他们不仅认可他的专业技能，更赞赏他的工作态度和人格魅力。这使刘源感到十分欣慰，并更加坚定了继续前进的决心。

入党后的刘源，宛如一棵在重庆长安汽车股份有限公司（国营江陵机器厂1994年与长安机器制造厂联合组建长安汽车有限责任公司，1996年，成立重庆长安汽车股份有限公司，后简称"长安汽车"）这片沃土上茁壮成长的树苗，不仅专业技能日益精进，更在思想和行动上展现了青年党员的担当与风采。基于他卓越的表现和领导、同事们的认可，刘源被任命为车间团支部书记。这一新的角色为他提供了更广阔的舞台，去影响和带动更多的青年员工。

担任团支部书记后，刘源深刻认识到责任重大。他深知，团支部不仅是青年员工的聚集地，更是凝聚青春力量、激发创新活力的重要平台。因此，他迅速行动起来，策划了一系列富有意义又贴近青年生活的团支部活动。

在这些活动中，青年志愿者活动是刘源最为重视的一项。他深知，青年员工不仅要有扎实的专业技能，更要有强烈的社会责任感和奉献精神。因此，他积极组织车间的青年员工参与社区服务、助老扶幼等志愿服务活动。在这些活动中，刘源总是身先士卒，以实际行动诠释着"奉献、友爱、互助、进步"

的志愿精神，也激励着更多的青年员工加入志愿者行列。

除了青年志愿者活动，刘源还结合车间的实际情况，开展了技能提升、文化交流、团队建设等丰富多彩的活动。他利用业余时间，组织青年员工开展技能培训和经验分享会，帮助大家提升专业技能和综合素质；他还发起"青春读书会"，鼓励大家阅读经典书籍，拓宽视野，提升思想境界；同时，他还精心策划了多次户外拓展和团队建设活动，增强了团队凝聚力和协作精神。

在刘源的带领下，车间的团支部活动开展得生动活泼，不仅丰富了青年员工的业余生活，还在无形中提升了整个车间的文化氛围和工作效率。在刘源的影响下，青年员工们变得更加积极向上、团结协作，为公司的发展注入了新的活力。

刘源在这一过程中也不断成长和进步，他学会了如何更有效地组织和协调团队，如何在复杂的工作中保持清晰的思路和高效的执行力。他深知，团支部书记不仅是青年员工的领路人，更是公司未来发展的中坚力量。因此，他继续以满腔的热情和坚定的信念，带领车间的青年员工们，在长安汽车的广阔天地中，书写属于他们的青春篇章。

党员先锋，尽显模范本色

1997年，凭借卓越的技术实力与深厚的群众基础，年仅26岁的刘源成功当选为机电维修组组长。担任这一职务，不仅是他职业生涯的重要里程碑，也是其作为党员发挥先锋模范作用的又一彰显。在新的岗位上，刘源始终坚守共产党员的高标准严要求，无论身处工作一线还是日常生活，都坚定不移地遵循党的基本路线，将对党的忠诚与对人民的深情厚谊融入每一个细节。他的这种精神风貌，不仅赢得了广泛的尊敬与赞誉，更为他在工作中续写了新的辉煌篇章。

1999年，鉴于刘源在工作中展现出的卓越才能与不懈努力，他荣幸地获得了破格晋升的机会，成为一名维修电工技师。这一成绩不仅是对他个人能力的认可，更是他作为一名共产党员，以实际行动践行使命担当的体现。然而，他并未因此自满，而是以更加饱满的热情投入工作与学习，不断提升自我技能与知识储备，力求在专业技能与政治素养上双丰收。

刘源的出色表现也赢得了诸多荣誉：1995年、1996年他连续两年被评为长安汽车"优秀团干部"；1997年获得全国电子

⊙ 上图　1997年，刘源（坐着一排左三）担任团支部书记开展青年
　　　志愿者活动时留影
⊙ 下图　1997年，刘源（后排左五）组织团支部活动时留影

产品维修中级技术证书；1998年在西南兵器工业技术大赛中摘得电工工种桂冠，并荣获"西南兵器工业青年技术标兵"称号，同时被重庆市授予"青年岗位能手"荣誉；2002年在第九届技能大赛中取得维修电工项目第5名，并被西南兵工局评为"青年技术能手"。

面对接踵而至的荣誉，刘源内心依旧保持着那份难能可贵的平静。他铭记党的教诲，深知探索与追求的道路永无止境。因此，他选择继续前行，不断超越，向着更加辉煌的未来迈进。

刘源说他思考过作为一名技术人员，自己究竟能为党做什么？他想，就是不断提升自己的专业技能，用科技的力量解决实际问题，帮助团队成长，推动企业进步，让党的科技兴国战略在自己的工作中得到具体体现。同时，他要用自己的言行，影响和带动周围的人，传递正能量，让更多的人信党爱党为党。

"加入中国共产党，是我深思熟虑后的选择，也是我人生中最重要的决定之一。我愿意接受党的考验，无论前路多么坎坷，我都将不忘初心、牢记使命，以实际行动证明自己的忠诚与决心。我相信，在党的领导下，我们的国家会越来越好，我们的梦想也一定能够实现。"刘源如是说。他深知，"成长"的深刻内涵在于内心的成长与持续的进步，他将以更加昂扬的姿态，迎接每一个新的挑战，追逐更加宏伟的梦想。

第四章 浪涌前翻,勇夺桂冠

扫码解锁

◉群英颂歌◉匠心独运
◉技术驱动◉奋斗底色

虚心求教，赛场突破自我

1998年，西南兵器工业技术大赛吸引了众人的目光，其中，刘源的表现犹如璀璨星辰，照亮了整个赛场。刘源凭借其不屈不挠的钻研精神，在众多技术高超的选手中脱颖而出，最终取得了耀眼的成绩，让人难以忘怀。

面对比赛中的重头戏——三相直流调速系统，一个在当时被视为技术巅峰的挑战，许多参赛者听闻后，或踌躇不前，或干脆退却。刘源却以一种近乎倔强的姿态迎难而上，燃起不灭的信念之火，坚信自己能够跨越这道看似不可逾越的鸿沟。

月光如水般倾泻在刘源归家的小径上，刘源脚步徐缓，似乎每一步都踏着沉重的思考。他的心，被那道如迷雾般缭绕的难题紧紧束缚，夜以继日地努力，仿佛只是在这片茫茫知识海洋中投下了一颗微不足道的石子，水面泛起点点涟漪过后，依旧是一片茫然。

夜深人静之时，刘源的书桌上堆满了书籍和笔记，每一页都密密麻麻地记录着他的尝试与挫败。工作室里，灯光昏黄，他一次次地操作，又一次次失败，那道难题就像是一位狡黠的对手，总是在最关键的时刻给予他沉重一击。

"唉，明明感觉就差那么一点儿，可为什么就是突破不了呢？"刘源自言自语，眉头紧锁，眼神中既有困惑也有不甘。

经过一番深思熟虑，刘源意识到，或许是时候换一种思路，寻求外界的帮助了。他决定去找那位人人称赞的高级工程师——马老。马老虽然已经退休，但在单位里依然是响当当的人物，据说他对解决各种技术难题有着独到的见解。

刘源一连熬了几个大夜，精心准备了所有相关资料，甚至还手绘了详细的问题图解，每一步都凝聚着他的心血与努力。站在马老家门前，刘源双手紧握着那份沉甸甸的资料，心中既有忐忑也有期待。他深吸一口气，在脑海中厘清问题的思绪后轻轻叩门。随着门缓缓打开，一位精神矍铄、眼神中闪烁着智慧光芒的老人出现在他面前，那就是马老。

"马老，您好！我是大修车间的刘源，久仰您的大名，今天冒昧打扰，不知道是否方便向您求教几个问题。"刘源恭敬地说，双手递上了自己的问题记录本。

马老接过资料，细细翻阅几页，眼中闪过一丝赞许。他抬头看向刘源："小伙子，能看出你是真心想解决问题。来吧，说说你的想法，咱们一起看看。"

于是，两人便坐在客厅的沙发上，开始了深入讨论。刘源详细阐述了自己的研究过程和遇到的瓶颈，而马老则像是一位智慧的导师，时而点头赞许，时而提出尖锐的问题，引导刘源深入思考。他们的对话如同一场激烈的辩论，又如同一次心灵的碰撞，激发出新的灵感与火花。

"你看，如果从这个角度入手，利用这个原理，或许能打开新的突破口。"马老指着图纸上的某一处，给出了一个全新的思路。

刘源仿佛看到了曙光，眼神中闪烁着惊喜与激动。"太谢谢您了，马老！我这就回去试试！"他几乎要跳起来，心中的重担瞬间减轻了许多。

从那以后，刘源和马老成了忘年交，经常一起探讨技术问题，共同攻克难关。在他们的共同努力下，那个曾经看似无解的难题终于被拆解，化为他们攀登技术高峰路上的一块垫脚石。

"马老，没有您的指导，我真不知道还要摸索多久。"刘源感激地说。

"哈哈，小伙子，记住，技术这条路，一个人走得快，但一群人才能走得远。继续加油！"马老拍着刘源的肩膀，眼中满是对他的期许。

在马老的悉心指导下，刘源仿佛获得了新生，他对三相直流调速系统的理解日益深刻，研究也越发深入。无数个日夜，他几乎与世隔绝，只为那最终的突破。终于，在比赛的那一天，刘源仿佛是一位踏上征途的勇士，面对未知的挑战，满怀必胜的信心。在赛场上，他的一举一动都透露出专注与沉稳，每一个操作都精准无误，仿佛他与那复杂的机器之间，存在着某种神秘的联系。

在比赛的关键时刻，一个突如其来的故障如同巨石般横在了刘源前进的路上。然而，他并没有因此慌乱，反而更加冷静地分析问题，迅速找出故障的根源。他的手指在机器上飞快地跳跃，就像熟练的琴师在弹奏着复杂的乐章，每一个动作都恰到好处，每一个决策都彰显出他的智慧与经验。

随着时间的推移，赛场上的气氛越来越紧张，裁判的目光都聚焦在刘源身上。他仿佛感受到了所有人的期待与信任，这份力量让他更加坚定地走向成功。终于，在一声清脆的响声中，故障被成功排除，机器重新运转起来，刘源的脸上露出了胜利的微笑。刘源以惊人的冷静与精准，成功排除了所有故障，提交了一份近乎完美的答卷，一举夺魁，为自己的人生篇章写下了浓墨重彩的一笔。

2002年，刘源已成长为一名技艺精湛的技术工人。在重庆市举办的第九届技能大赛上，他作为长安汽车的代表，于维修电工项目中大放异彩，不仅为自己赢得了荣誉，更为长安汽车夺得了"维修电工团体第一"的桂冠。

此后，刘源一路高歌猛进。在公司第二届职工技能运动会中，他再次以优异的表现，赢得了代表公司参加中国兵器装备集团公司首届职工技能竞赛的宝贵机会。

2004年，在那场高手云集的较量中，刘源凭借扎实的基本

⊙ 上图　2004年，刘源（前排右一）获得"中国兵器装备集团公司维修电工大赛"冠军时留影

⊙ 下图　2004年，刘源获得全国技术能手荣誉称号的证书

⊙ 上图　2005年，刘源参加首届"振兴杯"全国青年职业技能大赛时留影
⊙ 下图　2005年，刘源（后排左二）参加首届"振兴杯"全国青年职业技能大赛时留影

功、广博的技能知识与丰富的实践经验，力克群雄，获得"中国兵器装备集团公司维修电工大赛"冠军，这不仅是他个人的辉煌时刻，也是长安汽车的骄傲。

同年，刘源的职业生涯再添佳绩，他成功考取了公司三级技师的资格，这份认证，不仅是对他专业技能的高度认可，更是对他多年辛勤耕耘的最好回馈。同时，中华人民共和国劳动和社会保障部（现为中华人民共和国人力资源和社会保障部）授予他全国技术能手荣誉称号，进一步彰显了他在技能领域的卓越地位与贡献。

2005年5月，刘源迎来了职业生涯的又一高峰。他代表重庆市出征首届"振兴杯"全国青年职业技能大赛，以维修电工的身份，在激烈的竞争中展现出超凡的实力与坚忍的意志，最终，在众星云集的舞台上，他荣获第13名的佳绩，再次证明了自己的实力。

听声辨位，独创"四步维修"

一天，刘源在冲压车间巡查机器设备，当经过一套设备数米后，他突然一脸紧张地折返回来，对操作工大喊："停机！立刻停机！齿轮出现问题了！"

　　停机后，刘源打开设备相应位置检查，果然发现一个齿轮已经严重磨损并出现裂纹，设备随时可能因断齿故障而损坏。

　　听到动静后工人们纷纷围上来，好奇地问："咦，小刘，你连看都没看，怎么就知道设备要出问题？还知道是齿轮的问题？"

　　"我就是听到了声音不对劲儿，有异常响声。"面对围观的工友们，刘源腼腆地解释。

　　"仅凭耳朵听就能诊断出故障？你真是神了！"刘源这不经意的一句话，让现场的众人更加惊叹不已。

　　从那以后，刘源仅凭耳朵就能"听声辨位识故障""隔空诊脉"的名声不胫而走。

　　由此发端，多年后刘源还真总结出一套"看、听、析、查"四步维修绝招儿。其中"看"指的是通过观察设备的外观和运行状态，初步判断可能存在的问题。"听"则是利用工具倾听设备运行时的声音，以判断设备是否存在异常。"析"是对观察和听诊的结果进行分析，进一步确定故障原因。"查"则是通过详细检查和测试，确认故障点并进行修复。这一方法的四个步骤精准细致，互为补充，不仅大幅缩短了设备维修的时间，更为设备的稳定运行提供了坚实的保障，填补了国内相关维修领域的空白。

　　凭借四步维修法与扎实的实践经验，刘源在各类大型设备的维修和调试中独树一帜。每当设备出现故障或运行上遇到难

⊙ 2008年，刘源工作场地——冲压一车间

题，大家总会第一时间想到刘源，无一例外。而刘源每次也都能准确判断出故障原因并拿出解决方案。他仅通过电话中操作工的描述，就能将故障部位、原因判断得八九不离十，因此他"机电神医"的称号不胫而走。

匠心筑梦，书写荣耀篇章

星光不问赶路人，时光不负实干者。多年来，刘源在平凡岗位上默默耕耘，用汗水浇灌出无数荣誉之花。

从初入职场时的青涩少年，到如今业界公认的"大国工匠"，他的每一步都走得坚实而有力。这些年，刘源与时间赛跑，与难题较劲，每一次挑战都全力以赴，每一次突破都凝聚着他对技术的无限热爱与追求。全国技术能手的光环，是他用无数个日夜的努力换来的；中华技能大奖的荣耀，是对他精湛技艺的最高认可；而中国质量工匠的桂冠，更是对他始终坚守质量第一、精益求精精神的最好诠释。

除此之外，从2011年起，40岁的刘源已经开始享受国务院政府特殊津贴，这是国家对他卓越贡献的再一次肯定与嘉奖。然而，对于他而言，这更像是一份责任与使命，激励着他继续前行，在技术的道路上不断探索与突破，为行业的发展贡献更

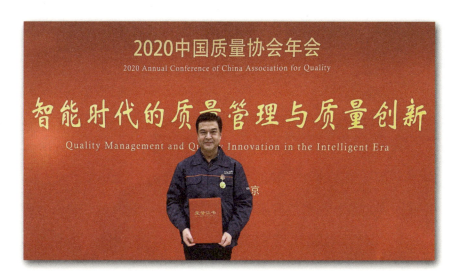

⊙ 上图　2011年，刘源享受国务院政府特殊津贴的证书；2012年，刘源获得中华技能大奖荣誉称号的证书

⊙ 下图　2020年，刘源获得中国质量工匠荣誉称号时留影

多的智慧与力量。

更令人钦佩的是，尽管获得了诸多荣誉，但刘源依然保持着一份难得的淡泊与谦逊。对他而言，这些荣誉只是对他工作的认可，而非炫耀的资本。他更珍视的是对技术的执着与热爱，以及通过个人努力为社会贡献的一份力量。因此，当看到国资委首批百名杰出工匠的名单上出现自己的名字时，他依旧如故，默默在自己的岗位上耕耘，仿佛一切未曾改变。

刘源的故事，宛如一首悠扬的赞歌，奏响了新时代工匠精神的旋律。他以实际行动诠释了什么是兢兢业业、淡泊名利，最终成为众人心中的楷模。

2024年3月，刘源前往成都参加2023年"大国工匠年度人物"发布活动。同年7月，全国总工会公布了入选2024年大国工匠培育对象的名单，刘源的名字赫然在列。这不仅是对他多年努力的认可与褒奖，更是对他未来继续为中国汽车工业走向世界而努力奋斗的鞭策与激励。

第五章　溪流绕石，灵活应变

扫码解锁

◎群英颂歌◎匠心独运
◎技术驱动◎奋斗底色

独当一面，刘工初露锋芒

2001年，刘源孤身挺进，成功破解了香港华大机械设备有限公司出品的COSMO中文电脑CNC数控注铸机电控制系统的难题。彼时，面对该机缺失的电气原理图，维修之路布满了未知的荆棘与挑战。

但刘源深知，唯有自力更生，方能破局。于是，刘源展开了广泛的资料搜集行动，网罗国内外相关文献与研究成果，力求从字里行间捕捉到解决问题的线索。为了更深入地洞悉其中的奥秘，刘源自费购置了《脉冲电路》《计算机应用》等多部专业书籍，它们如同星星，一点一点照亮了刘源迷茫的前方，为他提供了坚实的理论基础与实践指南。

在书海中遨游，刘源逐渐构建起该机的电气原理方框图，它如同一幅精密的地图，清晰地勾勒出机器各部分之间的关联与它们在系统中的角色。刘源紧盯着电脑屏幕，眉头紧锁，经过无数次检查与分析，他终于长舒一口气："找到了，问题出在显示系统与CPU接口部分。"

团队成员小李凑过来问："那我们现在尝试修复这一部分吗？"

刘源点了点头，又摇了摇头："CPU控制部分的故障我可以修复，但这治标不治本。显示系统已经老化了，迟早还会出问题。所以，我决定更换整个显示系统。"

小李有些惊讶："更换整个显示系统？那可是个大工程啊！您选好替换系统了吗？"

刘源微微一笑，眼中闪过一丝坚定："我已经想好了，这次我们要用K-911型显示器。我已经和领导报备了K-911型显示器的相关信息，它不仅性能良好，而且价格合理。"

小李听后，点了点头，露出赞同的目光："嗯，好的，刘老师，等批示下来我们就赶快动手吧！"

更换显示系统之后，刘源并未停歇，转而对机器进行了全面且细致的调整，包括电压、行频与场频的精细调校，确保机器得以顺畅运行，且各项参数均符合原机要求，满足生产需求。测试结果显示，机器性能卓越，完全达到了预期标准，为生产提供了有力保障。这次经历，不仅让刘源对脉冲电路与计算机应用的理解更加深入，更极大地提升了他解决问题的能力。

值得一提的是，在整个维修过程中，刘源和团队成员仅花费了2000元的经费，成功为工厂节约了13.8万元的资金。这一成绩，得益于他们对故障的精准定位与高效的解决方案。通过深入剖析问题根源，团队得以迅速找到破解之道，并在最短时间内完成维修工作，既节省了宝贵的时间，又降低了成本，确保了设备的稳定运行，为公司的生产提供了保障。

这次维修，不仅是对刘源个人能力的一次考验，更是其团队高效协作与专业技术水平的展现。大家不仅能够迅速解决故障，还能根据设备实际情况，精准选择合适的替代品，并进行全面的测试与验证。团队出色的综合能力，圆满完成了任务，并为公司节约了大量资金。

无独有偶，刘源在2003年还顺利解决了德国BFT90/3镗床电气图的拆绘及修理难题。在繁忙的生产车间中，镗床宛如一位默默耕耘的工匠，肩挑着大修设备、工件安装加工的重任。它那坚实的机身，在日复一日的运转中，见证了无数次精准加工的奇迹。然而，维修过程并非总是一帆风顺的，这台宝贵的设备也遭遇了挑战——进给镗杆电机的骤然停摆，工作台固执地拒绝下移，这些问题如同突如其来的风暴，考验着维修团队的智慧与决心。

面对工作台无法下移这一棘手问题，刘源像一名侦探，细致地翻阅着一摞厚厚的设备资料，并开始对机床的电器部分进行详尽的拆解和绘图。其他维修人员在初步检测中收集的信息也汇集到刘源这里，大家共同讨论制订维修方案。在工作台无法下移的故障中，其他维修人员经过检查，发现该机床的进给电机能够运行X、Y、Z、B、U、W等多个纵向和横向坐标，并通过电磁离合器进行速度的快慢调节。当工作台无法下移的情况发生时（即–Y坐标出现问题），该齿轮箱内使用了15个电磁离合器来处理Y、U、W坐标的转换、反向和速度调节工作。由于机床结构紧密，宛如迷宫，检修人员难以操作，导致整个维修工作陷入僵局。

在获悉这一情况后，刘源再次埋首于那堆资料之中，逐字逐句地寻找线索。经过反复推敲与分析，他终于确定了故障的具体位置，并拟定了一套详尽的维修计划。刘源首先对工作台电机的电流进行了仔细检测，在+Y轴、+U轴、–V轴、+W轴、–W轴等方向上运行时，电机电流稳定地维持在3 A；然而，当运行至–Y轴方向时，电流却悄然上升至3.2 A。这一细微差异，宛如侦探手中的关键线索，引导他发现了齿轮箱内负荷过重的真相。刘源发现，问题的根源在于电机的热保护系统出现了异常。然而，问题并未解决，因为这套保护系统没有附带详尽的电气原理图。为何仅仅0.2 A的电流差异，就能导致–Y轴停摆呢？刘源再次深入齿轮箱内部检查每一个齿轮，但并未发现任何异常。直到运行至–Y轴时，主轴离合器的轻微打滑引起了他的注意。经过进一步探查，刘源终于揭开了谜底：故障原来隐藏在+Y轴、–Y轴的反向控制上。继电器K10的触点粘连损坏，导致+Y轴、–Y轴离合器同时动作，从而使得负荷过重。

刘源凭借其手中的工具和对机械的深刻理解，一步步进行实地测绘，不仅揭示了该部位故障的秘密，还绘制出了精确的电气原理图。这一过程不仅加深了他对该设备设计理念的理解，还在设备的使用、维护和保养等方面积累了宝贵的经验。此外，刘源还巧妙地利用成本较低的国产配件进行了快速替换，为公司节约了上万元的经济成本。面对国内无货的继电器，刘源决定亲自拆卸修复，最终以最快的速度排除了设备故障。

在1989年至2007年期间，刘源凭借自己的智慧和汗水，为公司创造了高达600万元的直接经济效益。同时，他还主持完成了"MB7480型半自动立轴圆台平面磨床电器控制""YZ520K高精度万能螺纹磨床"等20余个技改技革项目，每一项成果都凝聚着他的心血与智慧，也见证了刘源的成长历程。

锐意创新，点亮高效之光

2003年9月，重庆市被连日的高温所笼罩，整座城市在嘉陵江和长江的环抱下，宛如一个巨大的蒸笼。尽管初秋的时序已至，但热浪却依旧滚滚不息，仿佛夏日的热气从未真正消散。

C307的生产任务如同一块巨石，重重地压在153车间工人们的心头。为了这块宝贵的"基石"，车间紧急抽调了4名机电维修精英，组建了一支突击小队。然而，正当他们准备全力以赴完成任务时，另一项艰巨的任务悄然降临——相隔4公里的第一、第二工段，正等待着他们重新安装那些庞大的机床设备和电器柜。

在炙烤的工作环境下，酷热难耐，温度计的指针无情地指向了40℃的高温线。这炎热的气温不仅是对人体极限的考验，更是对维修技术的挑战。

刘源戴上手套，准备开始工作。汗水流淌，使得维修工作变得异常艰难，每一颗螺丝的拆卸，每一条线路的检查，都需要付出比平时更多的辛苦和努力。

汗水顺着他的额头滑落，滴在地面上绽放成一朵朵小花。刘源抬头望向不远处的长江，江水在阳光下闪烁着金色的光芒，仿佛也在诉说着这座城市不屈不挠的精神。正是这样的环境，塑造了重庆人坚韧不拔的性格，也激励着刘源不断前进。他深吸一口气，再次投入紧张的维修工作。手中的工具在金属上跳跃，每一次敲击都仿佛是在与这炎热的天气进行抗争。

在这样的环境下，刘源和他的同事们却像一群不知疲倦的战士，顶着烈日，挥汗如雨，硬是将30余台机床设备和电器柜重新安装并调试好。他们的速度之快，效率之高，仿佛是在与时间赛跑，最终，他们成功完成了任务，更确保了车间在最短的时间内恢复生产，为公司节省了数万元的安装费用。这场战斗，他们打得漂亮，打得高效！

刘源擦去额头上的汗水，脸上露出了满意的笑容。在重庆，9月的炎热不仅仅是一种气候现象，它更是这座城市坚韧与不屈精神的象征。而每一位像刘源这样的建设者，都在用自己的方式，为这座城市注入源源不断的活力与希望。

岁月更迭，万象更新。2005年的一个春日，车间里迎来了一位新成员——CJW-6000型齿圈专用荧光磁粉探伤机，它以其独特的无损检测技术，成为车间里的明星设备。然而，这位"新星"却带着一丝神秘，因为市面上所有书籍都未曾详尽记载它的维修方法，这让维修团队一时陷入了困境。CJW-6000型设备，作为车间里唯一的发动机零部件检测守护者，它的每一次"罢工"，都直接影响车间的生产效率。

就在这时，刘源站了出来，他决定挑战这个难题。无数个日夜，他与探伤机为伴，翻阅资料、拆解部件、记录数据。最终，一份凝聚着他智慧与汗水的"探伤机电子电路控制快速维修方法"应运而生。这套方法如同一把钥匙，打开了CJW-6000型设备维修的大门，不仅让设备迅速恢复了生产力，更在重庆市国防邮电工会的评选中荣获了职工"绝技、绝活、绝招"三等奖，刘源的名字也因此响彻车间，成为同事们口中的传奇。

而故事并未就此结束，同年夏末，他又将目光投向了发动机零件的攻丝加工。在那里，操作人员每天都要在机器轰鸣中与时间赛跑，手动控制电机开关，重复着数百次的踩踏动作，既危险又低效。面对这一现状，他再次挺身而出，带领团队踏上了创新的征途。

经过无数个日夜的试验与改良，他们终于获得了"实现自动进刀攻牙机电器自动控制"的新型实用发明专利授权。这项技术如同魔法，让攻丝机获得了新生，不仅生产效率翻倍，更重要的是，它大幅提升了工作安全性，让操作人员得以从繁重的体力劳动中解脱出来。这项技术被公司采用后，生产效率直线上升，技术水平也一跃成为行业内的佼佼者。

这些创新成果，不仅为单位带来了显著的经济效益，更在行业内树立了创新的标杆，证明了在技术与挑战面前，人类的智慧与勇气永远是最宝贵的财富。

终日乾乾，与时偕行。时间转眼间来到2006年11月，刘源被委以重任，调往冲压一车间。这个车间是专为长安福特公司提供C307产品的关键部门，其重要性不言而喻。然而，生产能力的不足，不能准时供货，却像块巨石，压得车间喘不过气来。车间内，两条冲压生产线正紧张地运转着，9台关键的液压设备如同车间的心脏，跳动着生命的节奏。这些设备都采用了西门子公司的S7-300可编程控制器，技术先进，性能卓越。然而，其中一台400t的液压设备突然"罢工"，整机无压力，导致整个车间的生产瞬间陷入停滞。

面对这突如其来的故障，单位的相关人员和设备厂家都纷纷出手，试图将其"救活"。然而，无论他们如何努力，问题却如同顽疾一般，始终无法得到解决。这场"疾病"，让车间整整停机了12天，24个班次，直接经济损失高达30余万元。

就在这个危急关头，刘源临危受命，担任攻关小组的组长。面对这台"病入膏肓"的设备，他深吸一口气，带领着小组成员开始了紧张的检修工作。他们先对设备的每一处细节进行仔细分析和排查，最后在团队的共同努力下，仅用2小时就查出了故障的原因，并将其成功修复。

面对着一系列进口高端设备的较量，刘源的心中并无丝毫畏惧。2007年的8月，炎炎夏日中，他接到了公司的一项重大任务——被委派至大型自动化冲压线项目，肩负起安装调试与后续维护的重任。这条冲压线，是为长安系列产品量身打造的配套服务线。德国KUKA机器人、美国ATLAS公司清洗涂油机、济南第二机床公司2400t压力机……这些设备，都是他即将并肩作战的伙伴。

虽然任务艰巨，时间紧迫，但他却像一名勇敢的战士，迎难而上。他克服重重困难，经常连续工作超过14个小时，与厂家的安装人员紧密合作，爬上爬下，进行技术监督和指导工作。他的身影，在忙碌的车间里穿梭，如同一道闪电，划破了一道道难题的屏障。

经过他们团队的共同努力，前后仅用了短短6个月的时间，就成功完成了西南地区吨位最大、设备最为先进的全自动化冲压生产线的建设。这条生产线的诞生，如同一条巨龙腾空而起，为公司的生产效率注入了强大的动力。

这个项目的成功结项，不仅确保了长安汽车志翔、悦翔轿车的准时上市，更在行业内树立了新的标杆。刘源的高效与执着，不仅提高了公司的生产效率，更为公司的发展奠定了坚实的基础。种种事件的成功处理，不仅让车间恢复了正常的生产秩序，更让刘源成为众人眼中的"高效之星"。但他深知，这份荣誉不仅仅属于自己一个人，更属于整个团结、高效、充满智慧的团队。

省钱达人，自研打破封锁

2009年，在冲压一车间内，9台巨大的液压机仿佛沉睡的巨人。刘源带领团队深入其核心，展开了一场细致入微的检测。结果令人震惊：机器能耗如同脱缰的野马，肆意消耗着公司的运营成本；油压系统则像波涛汹涌的大海，压力波动不定，不仅干扰了设备的正常运行，还在无形中缩短了液压机的使用寿命；设备管路爆裂，更是像定时炸弹，使生产进度频繁受阻。

面对重重困难，刘源没有退缩，反而勇敢地踏上了探索新技术的征程。经过无数个日夜的深入研究与比较，他们向公司提出了一项"变革之种"——对液压机实施变频调速技术改造。这项技术宛如一剂良药，注入了液压机的血脉之中，不仅使能耗显著降低、油压系统的压力变得如磐石般稳定，还使得设备故障率大幅下降、运行效率显著提升。

改造的成效，犹如春日里绽放的花朵，令人瞩目。仅一台液压机，每年就能节省20万元电费，这对于公司而言，无疑是一笔巨大的财富。这场"绿色革命"，不仅大幅降低了公司的运营成本，还为公司带来了显著的经济效益，使公司在激烈的市场竞争中更加稳健地前进。

2011年，刘源亲自领导、参与了大型自动化线板料检测装置的改造项目。这个看似不起眼的地方，实则是自动化冲压生产线的"阿喀琉斯之踵"，它的频繁故障导致生产线多次停摆。

面对这一挑战，刘源深知，唯有创新才能打破僵局。因此，他依据实际需求，精心制定了"自动化线板料检测装置标准"，对装置进行了彻底的革新。改造后的设备宛如重生，焕发出新的活力。设备的故障率降低了80%，维修时间也缩短了70%。此外，刘源团队还引入了性能更稳定的带接头传感器件，并将型号从16种减少至2种，每次维修更换的时间从1小时以上缩短至仅需5分钟，为自动化生产线的效率提升创造了有利条件。

这次智能化升级，不仅为公司节省了大量维修成本，还减少了因设备停机带来的经济损失，总额达到了百万元。同时，刘源主导制定的"自动化线板料检测装置标准"，被长安汽车工艺技术部采纳为技术规范，并在多个单位推广应用。该项目因此被长安汽车和渝北工厂评为2011年度优秀"改良改善"案例，成为行业内的一段佳话。

刘源所在的冲压车间，在汽车生产链中发挥着无可替代的关键作用，就像一座大厦的基石，支撑着整个汽车生产链的稳固。然而，冲压车间却饱受技术力量薄弱与设备频繁故障的困扰，恰似基石出现了松动，急需力量加固，以确保整个汽车生产体系的稳固和发展。2012年，刘源肩负起冲压车间五条冲压线设备的维修重任。"看、听、析、查"四步维修法成为打破困境的关键。他以兵装技能带头人的身份在实践中打响了四步维修法的名号。

在冲压车间，冲压A线作为生产线的核心，其重要性不言而喻。然而，一次突如其来的故障，却让这个关键环节陷入了停滞。KUKA机器人在正常运行中突然自动停机，如同一颗巨石投入了平静的湖面，瞬间打破了车间的宁静。

"小李，赶紧去请KUKA的专家团队过来。"

几分钟后，KUKA的专家团队匆匆赶到，领头的是一位德国厂家派驻的工程师。他驻足在停机的机器人旁，戴好手套仔细检测各个部件，时间一分一秒过去，故障仍未被发现。

就在这紧要关头，一个坚定而有力的声音穿透了嘈杂的人群："让我试试吧！"

众人循声望去，只见平时默默无闻却技艺高超的刘源正站在不远处，眼神中闪烁着自信的光芒。

车间主任仿佛抓住了救命稻草，连忙快步走到刘源身边，急切地问道："刘源，有把握吗？"

"尽我所能。"刘源简短而坚定地回答。

　　刘源没有多言，只是默默地走到机器人旁，开始了他的检修工作。他知道，行动比任何言语都更有说服力。而这一次，他不仅要修好机器人，更要打破外国技术的封锁，证明中国工人的智慧和实力。

　　刘源开始运用他独创的"看、听、析、查"四步维修法。他仔细观察机器人的每一个细节，倾听它运行时的声音，分析可能的故障原因，再逐一排查。夜幕降临，车间里的灯光逐渐熄灭，刘源的身影却依然在机器人旁忙碌着。他加班到很晚，甚至忘记了时间，只为尽快找到故障的根源。经过艰苦的努力，刘源终于发现了问题所在。原来是设备控制电源在运行时，机器人出现了瞬间通信故障。这个故障极其隐蔽，难以察觉，但刘源凭借他敏锐的洞察力和丰富的经验，成功地找到故障根源。

　　当刘源宣布故障已经排除，机器人可以重新启动时，整个车间都沸腾了。在场的工程师们纷纷投来赞许的目光，他们对刘源的技能和敬业精神由衷地敬佩。他们知道，这次能够成功打破技术封锁，离不开刘源的坚持和努力。

　　刘源的这次成功，不仅为冲压车间挽回了巨大的损失，更让所有人看到了中国工人自主维修、打破技术封锁的无限可能。

　　同年，一个看似平常的工作日，冲压车间再次遭遇了前所未有的挑战。一只进口机械手突发故障，导致整个生产线瞬间停滞。面对这一紧急情况，瑞士品牌方的驻厂工程师也束手无策，并用略带歉意的口吻说道："很遗憾，必须从国外调运原装配件进行更换。"

"需要多长时间？"车间主任焦急地追问。

"大概两周时间。"驻厂工程师平静地回答。

两周！此话一出，车间众人面色一变。这条生产线哪怕是短暂的停机都会带来巨额损失，更何况是两周。一时间，众人面面相觑，不知所措。

就在众人陷入绝望之际，刘源站了出来。他冷静分析，根据过往经验，迅速制订出维修方案。在没有关键数据支持的情况下，他凭借精湛的技艺和过人的胆识，小心翼翼地拆解核心元器件，模拟画出结构原理图，并自制替代件。

经过一番艰苦努力，刘源终于将"中国芯"成功替换到外国机械手上。当开关被按下的那一刻，轰隆隆的运作声再次响彻厂房，机械手奇迹般地恢复了运转。刘源的这一壮举，不仅打破了外企的技术封锁，再次让所有人看到了长安汽车自主维修的能力与实力。

瑞士品牌方的驻厂工程师也由衷地竖起了大拇指，对刘源的技能和敬业精神表示敬佩。刘源的成功，不仅解决了冲压车间的燃眉之急，更为整个中国汽车行业树立了打破封锁、自主维修的典范。

⊙ 2012年，刘源（后排左一）在维修瑞士进口的冲压机械手

天平失衡，忠孝难以两全

在刘源的巧手之下，无数精密复杂的机械装置得以重获生机。他的职责远不止于修复机器，更在于为国家工业的进步添砖加瓦。自从荣获国家级技能大师的称号后，刘源的名字在行业内更加响亮。这些荣誉背后，凝聚了他无数日夜的辛勤劳动和汗水，体现了他将个人利益置于次要，全心全意为国家工业发展作出贡献的无私精神。

自古忠孝难两全。刘源的父亲年迈体弱，频繁遭受病痛的侵袭，成了医院的常客。每当接到家里的电话，刘源的心就像被一只无形的手紧紧揪住，疼痛难忍。他深知，作为儿子，他应该守在父亲身边尽一份孝心。然而，现实却让他陷入了深深的矛盾之中。

刘源曾想过请人去照顾父亲。他知道，自己因为工作的原因，无法时刻陪伴在父亲身边，这让他感到无比自责和愧疚。然而，父亲的想法却与他截然不同。

"爸，我实在去不了，我想请个人去照顾您。"刘源在电话里试探性地说道。

"不用，不用，我能照顾好自己。"父亲的声音里透露出坚定和不容置疑。

"可是爸，您病了，需要有人照顾。"刘源焦急地说道。

"我知道，但是我不愿意让外人照顾。要么你来照顾我，要么就别来了。"父亲的话语中带着一丝倔强和固执。

刘源听到这里，心中五味杂陈。他知道，父亲之所以不愿意请人照顾，是因为他希望自己能够陪伴在他身边。然而，现实却让他无法做到这一点。他只能在心里默默祈祷，希望父亲能够理解他的苦衷。

当刘源的孩子出生时，他本以为自己能够承担起更多的家庭责任，然而现实却让他感到力不从心。幸运的是，他的妻子非常理解他，父母也时常主动赶来帮他们照顾孩子。在孩子的成长过程中，他的家人几乎承担了所有的照顾工作，而刘源则因为工作的原因，无法时刻陪伴在孩子身边。

"爸又病了，这次医生说需要长期有人陪护。"大哥的电话如同一记重锤，狠狠地砸在刘源的心上。他沉默片刻，艰难地开口："大哥，我这边实在走不开，我马上要赶往北京参加重要会议，工作室的技术研发正处于关键时刻也需要我。你们先顶着，我尽量抽时间过去。"

挂断电话后，刘源独自坐在办公室里，心中五味杂陈。他想起父亲严肃又慈爱的笑容，想起小时候父亲握着他的手教他修理电子元件的情景，心中充满了愧疚和自责。他知道，自己在这方面的付出远远不及其他兄妹，这些回忆让他更加深刻地意识到，自己作为儿子有着无法推卸的责任。

同样，当得知母亲也生病住院的消息时，刘源的心再次被紧紧揪住。他本想立刻请假去医院探望，但手头的工作太多，实在无法抽身。他只能在心里默默祈祷，希望母亲能够早日康复。每当夜深人静时，他都会想起母亲那温柔的叮咛和贴心的照顾，心中充满了无尽的感激和愧疚。

终于，在母亲康复出院的那一天，刘源请假匆匆赶回家中探望。当他看到母亲安然无恙地坐在沙发上时，心中悬着的大石终于落地。他快步走到母亲身边，紧紧握住她的手，眼眶发红哽咽着开口："妈，对不起，我回来晚了。"

母亲微笑着摇了摇头，用她那温暖的手轻轻拍了拍刘源的手背："没事，妈知道你工作忙。你能回来看看妈，妈就已经很开心了。"

刘源低下头，泪水终于忍不住滑落。他内心深处的自责再次涌起——作为国家级技能大师，他敬业爱岗，为国家的工业发展贡献着自己的力量；但作为儿子，他却无法时刻陪伴在父母身边。这份矛盾让他感到无比痛苦和挣扎。

他明白，自己不能长时间沉浸在这种矛盾之中。他努力地寻找敬业与尽孝之间的平衡点，在工作中更加努力，更加高效地完成每一项任务；同时，他也要尽可能地从物质层面弥补父母，让他们感受到更多的关爱。

第六章　润物有声，赓续传承

扫码解锁

◎群英颂歌◎匠心独运
◎技术驱动◎奋斗底色

匠心育人，成立大师工作室

2013年的金秋十月，一个以刘源名字命名的"国家级技能大师工作室"在长安汽车渝北工厂正式揭牌成立。这个不足百平方米的空间，承载着刘源无限的梦想与希望。刘源，这位身兼多职的领军人物，以他的智慧与汗水，独自肩负起工作室的运营与建设重任，用实际行动诠释了对技能的热爱与执着。

每天清晨，当第一缕晨光穿透嘉陵江上的薄雾时，刘源便已身着工装，迈着坚实的步伐，走进了这片属于他的技能殿堂。他的双手，因长年累月的劳作而布满了厚实的老茧，每一道裂纹都记录着他对技能的执着与热爱。在工作室的初创阶段，人员紧张、条件不足，但刘源从未有过半句怨言。

顺境不骄，逆境不馁。从2013年到2015年，刘源在充满未知的新道路上探索，他所带领的工作室也正站在一个十字路口，面临着身份与方向的双重迷茫。那时的工作室，如同迷雾中的船只，虽有船身，却无明确的航道，定位模糊、功能混杂，连领导在年底批复工作室的工作报告时也不免感叹："我们建起的，究竟是一个什么样的工作室？"

面对这样的困境，刘源，这位人到中年但仍对创新充满渴望的国家级技能大师，被命运之手推向了舞台中央。他认为工作室应打破常规，寻找一条前所未有的道路。于是，他开始深入思考："我们的工作室，究竟应该做什么？"

一次，刘源在与同事的交流中，提出了自己的想法："我们不能再这样下去了，必须有所改变。我们需要明确工作室的定位，制订出一套属于我们的运营模式。"一石激起千层浪，他的话引起了团队内部的热烈讨论。

"可我们该怎么做呢？"有人问道。

刘源目光坚定："从我开始，我要向公司做一份详细的报告，讲解我们工作室应该如何运营，我们的目标是什么，我们的特色在哪里。这份报告，将是我们工作室未来的蓝图。"

接下来的日子里，刘源几乎将所有的精力都投入这份报告中。他夜以继日地工作，与工作室其他成员全力以赴地合作，终于，一份几十页的工作室运营管理方案出炉了。这份方案，不仅详细阐述了工作室的定位、目标，还创造性地提出了"13930"运营模式。这一模式力图打造1个专业领域权威组织，坚持3个平台走路、围绕9大定位功能，基于30个核心业务要素精耕细作。

然而，变革之路从不是一帆风顺的。当刘源带着这份方案走进领导办公室时，他遇到了前所未有的挑战。有人质疑，有人反对，但刘源没有放弃。他耐心地解释，逐一解答疑问，最终赢得了领导的支持和团队的信任。作为长安汽车首个对工作室进行全面定位的标准，"13930"运营方案为长安汽车乃至整个行业树立了新的标杆。

时光荏苒，转眼间几年过去了。如今的工作室已改头换面，在占地极大的实训区里，所有的设备都是由工作室自行设计、制作的。参加培训的员工可以在这里进行包括电子设备安装、电工钳工、机电设备维修等项目的操作学习，过程一目了然，安全便捷，也符合实训需要。刘源和他的团队，在时间之海留下无数个闪光的瞬间，也在这个过程中不断成长，成为行业内的佼佼者。

就在不久前，公司的人力资源部还在征求刘源及其团队意见，希望进一步优化工作室的运营模式，将其划分为不同的等级。刘源和团队再次聚在一起，对原有的方案进行细化和完善。他们知道，只有不断创新，不断优化，才能确保工作室始终走在行业的前列。

"我们做的不仅仅是一份工作。"刘源在团队会议上深情地说，"我们是在创造一个未来，一个属于我们所有人的未来。"

小马过河，运营难题如何解

前景可待，未来可期。刘源为了打破工作室发展的瓶颈，决定前往德国学习工作室发展模式。这不仅是一次求知之旅，更是他心中那团创新之火在寻找新的燃料，渴望在异国的土地上绽放出不一样的光芒。

在德国的日子里，刘源仿佛进入了一个全新的世界。他穿梭于哥特式的建筑与现代化的工作室之间，每一处都让他眼界大开。而真正让他灵光一闪的，却是一次不经意的拍照时刻。12月的德国凛冬已至，他漫步在新天鹅堡，灰蓝色的天空让人眼前似乎蒙着一层雾气。刘源摆弄着相机，思考加什么滤镜才能拍出一张满意的照片。随着手指的拨弄，镜头被调成长焦，一方屏幕里露出大片被大自然染上了琥珀色油彩的山头并逐渐向山脚下过渡，疏朗的景致让这座童话中的城堡在镜头下竟然呈现出前所未有的魅力与深意。

刘源意识到，换个角度看问题，似乎能发现被忽略的美，也能找到解决问题的新路径。这个新视角，就像一把钥匙，打开了他心中那扇关于工作室未来发展的大门。他开始思考如何

⊙ 2014年12月，刘源（左）前往德国学习时留影

将从德国习得的"新视角"融入工作室的发展，如何将"双元制"落地生根，创造出既行之有效又具创新性的管理模式。

回到工作室后，刘源开展了"2+1"培优班项目，即对学员进行双导师学徒制培养，脱产培训与工作实践相结合。在一年的培养过程中，学员先脱产培训2个月，之后带着学习成果返岗工作1个月，再带着工作中遇到的新问题继续培训。该项目在企业中形成了良好的培训效果，受到工友和领导的一致好评。

2014年，工作室正式启动培训工作，凭借其卓越的教学质量与显著的培训效果，吸引了越来越多学员加入。领导层的高度关注与大力支持，为工作室的发展注入了强劲动力。2015年，工作室已配备专职人员，进一步提升了培训工作的专业性与效率。

工作室的创立，其意义远不止于为长安汽车内部培育专业技能人才。它更像是一面旗帜，引领着企业创新与效率提升的浪潮，成为推动行业进步的先锋力量。同时，它也作为行业内的典范，彰显了技能人才的价值与地位，鼓励更多企业重视对技能人才的培养，加大投入，从而在社会与企业中树立起尊重劳动、崇尚技能的良好风尚。

近年来，随着工作室的发展，一系列系统化的标准和培训也随之诞生，这标志着人才基地的正式构建。"我们必须有标准，"刘源在一次团队会议上强调，"没有标准，我们就无法衡量自己的进步，就无法确保我们的工作是有效的。而在这个标准中，人才的培养是重中之重。我们要建立9大板块，其中一块要专门用于人才培养，只有这样，我们才能确保工作室的持续发展和创新。"

对于整个企业而言，人才培养的重要性不言而喻。而刘源对于培训、人才培养的深刻洞察，则源自他多年的企业经历与个人的深刻体验——他曾是忽视人才培养机制的受害者，常年24小时手机不离手，频繁被打扰又得不到充分休息的生活让他深感疲惫。他意识到，若能在单位内部培养出得力人才，不仅自己能不再被琐事缠身，将精力投入创新工作，也能考察新人做事的能力，锻炼新人独立自主的实践意识。

说干就干，刘源立即通知将新入职的大学生小赵带到工作室开会，他亲切地拍了拍小赵的肩膀："小赵，加入工作室有一段时间了，最近的维修工作都处理得不错，有些基础的工作，我可就放心交给你处理了。"

小赵眨眨眼，略显紧张："啊，我一个人吗？我，我怕我做不好……"

刘源笑着摇摇头："别担心，谁一开始就能做得十全十美呢？关键是要敢于尝试。但是遇到问题时，先别急着找我们这些'老师傅'帮忙。"

小赵皱眉："那，那我该怎么办？"

刘源认真地说："你要学会自己去学习，去探索。现在网络这么发达，资料满天飞，你得学会利用这些资源。自己动手，丰衣足食嘛！"

小赵点头，似懂非懂："好的刘师傅，我明白了，我会多钻研、多尝试的。"

刘源在后续的工作安排中也坚持让年轻人自主投入学习，强制性地推动他们自我成长，不允许依赖他人。"依赖他人只能让你原地踏步，只有靠自己，才能走得更远，飞得更高。"刘源如是说。

同时，他也认识到，传统的师徒制培养模式存在局限，一个人的精力有限，能带的徒弟数量也极其有限，特别是在维修团队规模不大的情况下，年轻人难以承担带徒重任，且传授的知识量也有限。

刘源曾思考，即便自己在某个车间发挥了巨大作用，也只是局限于该车间，而长安汽车作为一个庞大企业，拥有许多车间，仅凭一己之力显然无法全面覆盖。因此，他提出了"一带十，十带百"的培养理念，通过这种模式，他的徒弟数量已经难以计数，许多徒弟甚至成立了自己的工作室，遍布北京、南京等地。这种模式的成功，不仅让刘源个人受益匪浅，更对整个企业的发展产生了积极影响。

如今，工作室已成为人才培养的主力军。相较于过去车间内部的小规模培训，现在的培训规模已经发生了翻天覆地的变化。全公司各单位的骨干成员都加入了智维创新工作室联盟，通过线上线下相结合的方式，实现了公司范围内的培训全覆

⊙ 上图 2015年，起步初期只有60平方米的工作室

⊙ 下图 2015年，刘源在工作室调整气路控制实训台

盖。随着团队的壮大和师资力量的提升，这种培训模式对企业
人才培养的促进作用越发显著，不仅提升了员工的技能，更推
动了企业的持续发展。

授人以渔，培养人才新起点

随着团队的壮大，刘源工作室开启了一系列改革举措：建
立健全工作室管理制度，确保工作室运营规范高效；明确工作
室发展计划与攻关目标，指引未来方向；制订个性化培训计
划，满足学员多元化需求；加强对外宣传，提升工作室的知名
度与影响力。

在这一系列改革中，工作室成员面对挑战，勇往直前，留
下了许多温暖动人的攻关故事。这些故事，不仅见证了成员们
专业技能的提升，更铸就了团队坚不可摧的精神纽带。

作为师傅的刘源脸上常挂着笑容，他不仅具备卓越的专业
技能与全面的综合素养，更难能可贵的是，他从未因自己技艺
高超而摆架子，这份谦逊与平易近人，让徒弟们深感敬佩，心
向往之。

刘源在教学上有着独到的见解与方法，他深知因材施教的
重要性。所以在面对一个做笔记勤快认真，却缺乏独立思考能

力的学员时，他曾戏称其为"劣质勤奋者"，意指其为了避免真正思考，只愿意盲目地做事情。然而，刘源并未因此放弃他，而是耐心地引导其如何形成自己的思考逻辑。

而对于一些踏实本分，却过于谨慎的大学生，刘源则毫不客气地给予训斥："不要害怕犯错，过于保守虽然看似没有付出什么代价，但实际上却让你们失去了尝试的勇气，也就难以有出色的表现。而你们现在正处于犯错代价最小的年纪，如果错过了这个时机，将来可能后悔莫及。吸取别人的经验确实能够提升自己，但你们的问题并不是不知道怎么做，而是知识量足够但缺乏执行力。记住，自己犯过的错误才是最大的财富。"

每一滴汗水都蕴含着师徒间温馨的情谊，每一次言传身教都在徒弟们心中树立起榜样丰碑。这不仅仅是一段关于技艺传承的故事，更是师徒共同成长的记忆篇章。

徒弟白贵勇感慨道："在这个充满挑战与机遇的团队中，我有幸成为师傅麾下的一员，在工作室的每一天都能汲取甘霖，收获满满。未来的道路虽然漫长且未知，但我心中已种下坚定的信念，誓将师傅的教诲铭记于心，以拼搏的姿态，不断夯实专业技能，脚踏实地地在成为工匠的道路上迈出坚实的每一步，为智能制造的宏伟蓝图添砖加瓦，贡献自己的力量。"

在这个信息爆炸的时代，能解读公式、分析图表的人或许不再稀缺，但那些愿意将毕生经验与智慧无私奉献的人，却是稀少

⊙ 上图　2017年，刘源工作室照片（电气实训区）

⊙ 下图　2024年，刘源工作室照片（电气实训区）

的。正如习近平总书记所言，优秀的教师应具备"四有"——有理想信念、有道德情操、有扎实学识、有仁爱之心。

刘源正是这样一位令人敬仰的楷模，在工作中，他严谨认真，一丝不苟；在生活中，他和蔼可亲，平易近人。他用自己的行动诠释着"工匠精神"的真谛，他如同一座灯塔，为大家照亮了前行的道路。在他的引领下，大家不仅夯实了专业技能，更重要的是学会了全力以赴去面对每一次挑战，并且在新时代的新征程上，将"劳模精神"与"工匠精神"发扬光大，让它们成为推动社会进步的不竭动力。

随着工作室各项工作步入正轨，刘源的视野也更加开阔，他不再局限于单位内部，而是将目光投向了更广阔的天地——为兵装集团、重庆市乃至全国培养一支高水平、高素质的技能人才队伍。在刘源的带领下，工作室自主开发了一系列高质量课程，为技能传承与人才培养奠定了坚实基础。

截至2024年，工作室已拥有4名专职人员与32名兼职人员，共计36名精英，他们都是工作室的宝贵财富。他们的辛勤耕耘与专业素养，使得工作室能够持续蓬勃发展，为社会输送了一批又一批优秀技能人才。

为了有效保存与传承设备维修的案例、技术及经验，工作室精心开发了一系列培训课程及相关教材，包括《工匠学院机电一体化专业"交互式·模块组态"培训课程（5册）》《国家高技能人才培训基地培训课程（5册）》《长安汽车机电维修岗位能力认证课程（6册61门课程）》，以及《长安汽车大学设备保全系列课程（5册7本）》等，堪称设备维修领域的"百科全书"。

随着工作室成员的逐年增加，其业务范围也在不断拓展。如今，工作室已具备参与汽车行业相关标准制定工作的实力，成为中国国防邮电系统、中国兵器装备集团、中国汽车行业专业委员会以及长安汽车高技能人才培养体系及标准的重要输出中心，为行业的持续发展贡献智慧与力量。

这些课程内容丰富、全面，不仅为学员提供了专业知识，更为他们的实践操作提供了宝贵的指导。因此，这些课程使全国各地的学员慕名而来，让大家能够共同成长。

刘源以卓越的领导能力和非凡的远见，亲自挂帅，全身心投入"传、帮、带"的育人使命中。除了讲授技能知识，他针对每位成员技能水平的差异，量身定制了个性化的学习培训方案。在他的推动下，机电一体化维修模式如同一股清流，注入了团队，激发出无限潜能。

在技艺传授的过程中，刘源不仅重视智慧的启迪，更将品德的塑造视为基石。他言传身教，用自己几十年的维修经验和精湛的技艺，为员工树立了典范。他精心总结的"看、听、析、查"四步维修法，如同一把钥匙，打开了徒弟们通往技术殿堂的大门。他毫无保留地倾囊相授，让徒弟们在实践中迅速成长，处理问题的能力显著提升，设备维修时间大幅缩短。

此外，刘源还亲力亲为，完成了80余门专业课程的开发与评审，构建起一套完整的学习体系。他采用集中学习、一对一指导、现场教学等多种灵活方式，营造了一个开放包容的学习氛围，鼓励员工勇于提问，无论问题大小，他都耐心解答，乐此不疲。在他的引领下，工作室成了一片知识的沃土，孕育出一批又一批技术精英，共同为智能制造的辉煌未来贡献力量。

刘源作为人才培养的领军人物，肩负着公司与重庆市技能大赛人员的年度选拔与指导重任，同时他积极参与重庆市及兵装集团的职业技能鉴定考评工作，无私分享其经验和见解。他不仅致力于单位内部员工的培训，还经常奔波于北京长安、合肥长安、长安福特、青山工业等单位，开展教学活动，其影响力跨越多个地域。此外，刘源还深度参与重庆电子工程职业技术学院、重庆城市职业技术学院的技能大师工作室指导，为校企合作的人才培育贡献了宝贵的经验与智慧。

当前，刘源的工作重心已明确转向人才培养，依托"国家级技能大师工作室"与"劳模和工匠人才创新工作室"，他策划并执行了一系列涵盖短期与长期培训的项目，惠及超过一千名学员。这些学员在各自的岗位上发挥着关键作用，又为长安汽车输送了大量高技能人才，有力地支撑了企业的技术革新与产品质量提升。

刘源的人才培养计划成果斐然，截至目前，刘源已成功培养出6名全国技术能手、5名中央企业领衔专家、160余名高技能人才，他们凭借卓越的技能与专业知识，为汽车行业的发展

⊙ 2022年6月21日，刘源国家级技能大师工作室在中国（重庆）职业技能公共实训中心揭牌

注入了强大动力。鉴于此，刘源在2015年荣获国家人才培养突出贡献奖，这一殊荣见证了他不仅是一位技艺高超的工匠，更是一位乐于传道授业解惑的师者。

刘源深知，个人的力量虽小，但若能点亮更多人的技能之光，便能汇聚成照亮行业前路的璀璨星河。

刘源对于人才培养有着独特的见解，他强调："即便每年仅有20名员工通过培训取得微小进步，他们对公司的整体贡献也将远超我个人。"他坚信技术研究、创新与传承并重，致力于培养既具备高尚品德又拥有精湛技艺的全面发展的人才。

作为师傅，刘源始终向徒弟们灌输"学技先学德"的理念，要求每位学员追求"德艺双馨"。他根据学员的个性与悟性，实施个性化培养策略，鼓励学员走上讲台分享经验，同时深入了解各学员所在单位的设备特性，定制化开发培训课程，以提升学员的工作适应性与效率。

"我前行，我们共同前行。"刘源常言，他深知个人力量有限，唯有通过团队合作与知识传承，方能显著提升设备性能与保障率。面对国外的技术封锁，刘源凭借坚韧不拔的精神，从零开始学习外语、编程，虚心求教，最终炼就一身维修绝技。

不同于"教会徒弟，饿死师父"的传统观念，刘源慷慨分享自己的经验，坚持面对面、手把手教学，同时在繁忙之余紧跟行业动态，不断学习新知识，以实际行动诠释了大师的风范与担当。

⊙ 2023年6月，吉利汽车来工作室交流学习

⊙ 2016年9月，刘源（一排右六）参与兵装集团第一届高技能论坛时留影

默契配合，团队协作克难关

2015年10月2日晚上，长安汽车渝北工厂的冲压车间内，一条自动化冲压线突像一头失控的巨兽，频繁地发生故障，每一次停顿都伴随着刺耳的金属摩擦声，回荡在空旷而沉闷的车间里。尽管车间的设备技术维修人员火速集结，如同勇敢的骑士冲向战场，但面对这头顽固的巨兽，他们的努力似乎显得微不足道，故障依旧未能得到根本解决。

此时，一个更加令人焦急的消息迅速在工厂内蔓延："如果这个问题不能在10月4日之前解决，渝北工厂后续的车间将面临全线停产的危机！"这消息如同一道闪电，划破了原本宁静的夜晚，让每个人的心头都笼上了厚厚的阴云。

工人们开始议论纷纷，有的眉头紧锁，有的摇头叹息。他们知道，一旦停产，公司将面临巨额损失，甚至可能影响整个供应链的稳定。危机感像一股无形的压力，紧紧地压在每一个人的心头，让人喘不过气来。

消息很快传到了刘源的耳中。他正在进行另一项重要的工作，听到这个消息后，眉头紧锁，立刻停下了手中的任务，眼神中闪过一丝凝重。"我立即过去看看。"他简短有力的话语，仿佛是给所有人吃了一颗定心丸。他深知，这场危机不仅仅是对工厂的一次考验，更是对他和团队的一次严峻挑战。

没有片刻的犹豫，刘源迅速换上了工作服，带领着他的团队冲向了冲压车间。他们知道，时间紧迫，每一分每一秒都至关重要。在这场与时间的赛跑中，他们必须全力以赴，才能避免单位的巨额损失和无法估量的后果。他仔细观察着设备的每一个细节，仿佛在与它进行一场无声的对话。"我们必须从设备故障入手，分析它的原因，找到它的根源。"他的话语中透露出一种不容置疑的自信。

整个抢修工作就像一场紧张而激烈的战斗，持续了整整30个小时。在这期间，刘源仿佛与车间融为一体，一步都没有离开过。他的身影在灯光下忙碌而坚定，成了那个夜晚最耀眼的存在。"大家再坚持一下，我们一定能成功！"他的话语中充满了鼓舞和力量。

在刘源的带领下，团队成员们各司其职，紧密配合。他们一步步深入剖析，最终成功锁定了故障部件。"找到了，就是这里！"刘源的声音中带着一丝喜悦。

终于，在10月4日的黎明时分，设备恢复了正常。"成功了！"刘源的声音中带着疲惫与喜悦，那一刻，整个车间都松了一口气，仿佛是在向所有人宣告胜利的消息。这次抢修，不仅为公司避免了一次重大损失，更彰显了刘源及其团队的技术实力与担当。

此外，在2015年，由刘源牵头，工作室成员们共同完成了4项课题攻关项目。刘源技能大师工作室仿佛是一个创新的摇篮和智慧的聚集地，这些项目不仅提升了公司的技术水平，还为公司节省了十余万元。"这些成果都是我们团队共同努力的结果。"刘源谦逊地说，他的眼中透出一种自豪和满足。他知道正是有了这样一个充满智慧与激情的工作室，才有了他们不断攀登技术高峰的动力与可能。

2017年12月，刘源站在长安汽车渝北工厂繁忙的生产线旁，目光坚定地望向前方。为了打破生产线上设备故障频发的僵局，他主动请缨，牵头成立了匠人匠心QC小组①，旨在通过团队的力量，攻克长期困扰他们的设备故障难题。

"我们必须行动起来，不能再让设备故障拖累我们的生产效率了。"刘源在小组成立会议上语气坚定地对成员们说。

小组的主要任务，是开展一项名为"降低滑撬锁紧站故障停线时间"的专项工作。他们的目标聚焦于涂装车间电泳滑撬锁紧机构积漆严重的问题，这个问题经常导致白车身锁紧失效，进而引发掉车事故，给生产带来巨大损失。

"电泳滑撬锁紧站的故障问题，已经成了我们心头的一块大石头。"小组成员小唐在会上忧虑地表示，"每月平均停线

---

① QC小组：质量控制小组。

时间长达51分钟，这时间可不算短。"

"没错，"刘源点头赞同，"这51分钟，意味着我们每个月都有近一个小时的时间被浪费在故障排查和维修上。这不仅增加了维修成本，更严重影响了我们的工作效率。但是，我相信，只要我们齐心协力，就一定能够解决这个问题。"

自匠人匠心QC小组成立以来，成员们便紧密合作，共同投入项目攻关工作。他们日夜奋战，对锁紧机构进行了深入分析和研究，不断尝试新的解决方案。

"我觉得我们可以从改进清洗工艺入手，减少积漆的产生。"小组成员周正权在一次讨论中提出了自己的见解。

"这个主意不错，但我们还需要考虑如何优化锁紧机构的设计，提高其抗积漆能力。"刘源补充道。

经过无数次的试验和改进，他们终于找到了有效的解决方案。现在，锁紧站的停线时间已经能降到6分钟以下，实现了巨大的突破。

"真是太棒了！我们终于成功了！"当这一喜讯传来时，小组成员们欢呼雀跃，仿佛赢得了一场艰难的胜利。

"这不仅仅是我们的成功，更是整个工厂的成功。"刘源微笑着对大家说，"现在，我们每个月可以节省出大约45分钟的时间，这些时间可以用来进行更多的生产活动，从而提高我们的生产效率。这就是团队协作的力量！"

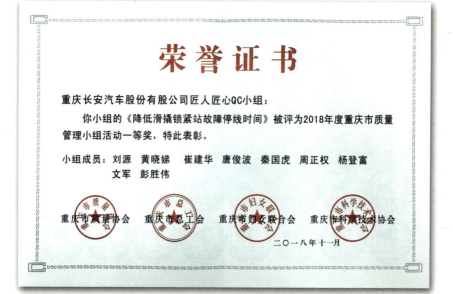

⊙ 2018年11月，刘源带领匠人匠心QC小组获得重庆市质量管理小组
  活动一等奖的证书

第七章　溪水潺潺，实干赋能

扫码解锁

◉群英颂歌◉匠心独运
◉技术驱动◉奋斗底色

融合发展，增添新型职业

在企业这个大舞台上，电工与钳工，如同两条平行线，长久以来各自在独立的轨道上运行，守护着机械设备的心脏与骨架。然而，时代的车轮滚滚向前，设备的更新换代如同潮水般汹涌，对技能的需求也悄然发生了翻天覆地的变化。如今，单一的专业技能已难以满足生产的严苛要求，电工与钳工的界限开始模糊，在企业中，一线生产更需要那些能够跨界融合，拥有综合技能的复合型人才。

"如果只派一名纯电工去修理那台新型设备，恐怕他根本不知道怎么拆解设备，找不到故障的源头。"刘源在部门会议上忧心忡忡地说道，他的眼神中透露出对未来的深思，"同样，如果让钳工孤军奋战，他可能也无从下手。"

面对这样的困境，刘源深刻明白主动求变者进，因循守旧者衰的道理。他知道，唯有融合电工与钳工的技能，打造出一支机电维修的精英队伍，方能应对时代的挑战。而这一切，早在10年前，刘源在单位便已未雨绸缪，建议领导设立了机电维修工岗位，这一举动仿佛是因为预见了今日之变局。

惟改革者进，惟创新者强。2020年，刘源的心中又萌生了一个更为宏大的计划。他决定通过兵器装备集团公司，向中华人民共和国人力资源和社会保障部提出一项前所未有的建议——在《中华人民共和国职业分类大典》中增添一个新的职业，名为"机电维修工"。这一提议，不仅是对行业现状的深刻洞察，更是对未来趋势的准确把握。

"我们需要给这些默默奉献的机电维修工一个正式的身份，让他们的技能得到社会的认可，也为他们开辟一条更广阔的就业与创业之路。"刘源在向专家组阐述时，语气坚定且充满热情。

经过一场场激烈的答辩，专家组的成员们被刘源的远见卓识打动，他们一致认为，"机电维修工"这一新职业的设立，是时代的需求，也是行业发展的必然。随着科技的日新月异，机电维修工作的地位越发重要，它保障着生产的顺畅进行。

"我们将全力以赴，与相关部门紧密合作，制定出一套详尽的新职业标准和培训计划，确保'机电维修工'这一新职业能够顺利落地，开花结果。"刘源郑重承诺，他的眼神中闪烁着对未来的憧憬。

终于，在万众瞩目之下，2022年版的《中华人民共和国职业分类大典》隆重发布，其中，"机电维修工"这一岗位赫然在列，如同一颗璀璨的新星，照亮了无数机电维修工的前行之路，也为企业的发展注入了新的活力与希望。刘源站在窗前，望着远方，心中充满了欣慰与自豪，他知道，这一切只是开始，未来的路还很长，但有了这份认可，一切都将变得更加可能。

填补空白，制定行业标准

在新时代的浩荡春风中，国家对高技能人才的需求如同旱苗盼甘霖，日益增长且越发迫切。科技的飞速发展，使得每一个行业都处在日新月异的变革之中，而汽车行业作为技术与创新的前沿阵地，更是对高级技能人才求贤若渴。在这样的背景下，培育并储备高技能人才，成为推动行业发展、适应社会需求的关键一环。

刘源，这位在汽车行业深耕多年的国家级技能大师，深感自己肩上的责任重大。他深知，要推动长安汽车乃至整个中国汽车行业持续发展，就必须有一套科学、公正的技能评价标准来引领和激励技能人才成长。于是，他下定决心，要牵头制定国家职业技能标准，填补中国汽车行业在这一领域的空缺。

在一次长安汽车的人才培养会议上，刘源满怀激情地阐述了自己的想法："我们必须建立一套完善的技能评价标准，这样才能更准确地衡量技能人员的水平，为他们提供更有针对性的培训和发展机会。这不仅对长安汽车有利，更是对整个汽车行业负责。"

他的提议得到了公司的赞同，并很快组建了一个由刘源领衔的专家团队，着手制定这一标准。

阳光透过窗户洒在长安汽车的会议室里，刘源与一群来自不同领域的专家围坐在一张巨大的圆桌旁。桌上摊开的是各式各样的图纸、报告，空气中弥漫着紧张而兴奋的气息。

"我们必须从零开始，制定出一套既符合国际趋势，又贴近中国汽车行业实际的标准。"刘源的声音坚定而有力，他的目光扫过每一位专家的脸庞，仿佛在传递一种无形的力量。

专家们纷纷点头，他们知道，这项任务虽然艰巨，但意义重大。在接下来的日子里，刘源带领团队深入生产一线，与技能工人们面对面交流，了解他们的实际需求和工作中的难点。他们走进维修车间，观察工人们的操作流程，记录下每一个细节，确保制定的标准既实用又具有前瞻性。

无数个深夜，刘源的办公室灯火通明。他与团队成员们坐在电脑前，对收集到的数据进行整理、分析，不断地讨论、修改和完善标准草案。有时为了一个技术细节的准确把握，他们会争论得面红耳赤；有时为了验证一个标准的可行性，他们会亲自上阵，进行模拟操作。在这个过程中，刘源不仅展现出了深厚的专业知识和丰富的实践经验，更展现出了卓越的领导能力和团队协作精神。他总是能够准确地捕捉到问题的关键所在，提出切实可行的解决方案，并鼓励团队成员们大胆创新、勇于尝试。

在公司层面，推动维修人员认证体系的建立成为一项至关重要的任务。这不仅关乎公司内部的技术传承与提升，更是对外展示专业实力、树立行业标杆的关键一步。因此，公司决定先行一步，制定出一套详尽而严格的培训标准，确保每位维修人员都能达到行业顶尖水平。

这项认证体系的建立并非一蹴而就，它需要经过多轮研讨、实践与优化。多位在汽车维修领域有着深厚理论功底和丰富实践经验的专家，共同商讨岗位能力认证培训标准的具体内容。从理论知识到实操技能，从故障诊断到维修流程，每一个环节都被细致入微地规划进培训体系中。

与此同时，每年的汽车行业人才研究会成为行业内人事领导交流的重要平台。在这个会上，来自一汽、上汽、东风、长安等大型车企的人力资源部领导齐聚一堂，共同探讨汽车行业的人才发展问题。这一年，与会领导在交流中提出了一个引人深思的问题："当前，国家正积极推动建立各类认证标准，但在汽车维修领域，我们行业内部却缺乏一套统一的标准。这不仅影响了维修人员的职业发展，也制约了整个行业的进步。"

这一提议立刻引起了在场人员的共鸣。大家纷纷表示，建立一套完善的汽车维修人员认证标准对于提升整个行业的专业水平具有重要意义。然而，他们也深知这项工作艰巨。要想制定出一套既科学又实用的标准，不仅需要投入大量的人力、物力，还需要克服重重困难。

于是，各家车企决定联手推进这项认证标准的建立工作。他们各自推荐了10余名专家，组成了一支庞大的专家团队。这些专家来自不同的领域，有的擅长理论研究，有的精通实操技能，他们的加入为认证标准的制定提供了有力的支持。

然而，随着时间的推移，这项工作的难度也逐渐显现。在制定标准的过程中，专家们需要不断地进行研讨、试验和修正，以确保标准的科学性和实用性。在这一过程中，不少专家因为各种原因逐渐退出了团队。最终，经过层层筛选，有5位专家脱颖而出，成为汽车人才研究会特聘的测评专家。

刘源作为5位特聘专家之一深感荣幸和责任重大。他不仅参与了认证标准的制定工作，还承担着为汽车人才研究会开发课程、制定人才培训标准等重任。每年，他都会根据行业发展的最新动态和维修人员的实际需求，为他们量身定制一系列培训课程和实训项目。

在这个过程中，刘源深刻体会到了制定标准的艰辛与不易。经过无数次修改和完善，一套涵盖汽车行业机电维修、设备技术技能领域的国家职业技能标准行业评价规范终于诞生了。在2021年9月28日至29日的中汽人2021年理事会年会暨中国汽车人才高峰论坛上，《国家职业技能标准汽车行业评价规范》第二期成果发布。这套标准不仅注重对机电维修工理论知

国家职业技能标准
汽车行业评价规范

职业编码：6-31-01-03

电工

（机电维修）

汽车行业职业技能评价工作委员会 制定

说　明

为规范从业者的从业行为，引导职业教育培训的方向，为职业技能鉴定提供依据，依据《中华人民共和国劳动法》，适应经济社会发展和科技进步的客观需要，立足培育工匠精神和精益求精的敬业风气，中国人才研究会汽车人才专业委员会联合国内主要 15 家整车集团企业，组织有关专家，制定了《国家职业技能标准汽车行业评价规范》（以下简称《规范》）。

一、本《规范》以《中华人民共和国职业分类大典（2015 年版）》有关要求，以"职业活动为导向、职业技能为核心"的指导思想，对汽车电工从业人员的职业活动内容进行规范细致描述，对各等级从业者的技能水平和理论知识水平进行了明确规定。

二、本《规范》依据有关规定将本职业分为五级/初级工、四级工/中级工、三级/高级工、二级/技师和一级/高级技师五个等级，包括职业概况、基本要求、工作要求和权重表四个方面的内容。本《规范》针对智能制造时代下的理论与技能操作要求，旨在全面提升汽车行业设备维修团队技能人才工作水平而制定，各部分相互对应、层次分明，对于不同级别中的相同设备维修团队工作内容，技能含量逐级增加。

三、本《标准》主要起草单位有：重庆长安汽车股份有限公司（主笔单位）、安徽江淮汽车集团股份有限公司、北京汽车集团有限公司、东风汽车有限公司、东南（福建）汽车工业有限公司、广州汽车集团股份有限公司、华晨汽车集团控股有限公司、海马汽车股份有限公司、江铃汽车集团有限公司、奇瑞汽车股份有限公司、上海汽车集团股份有限公司、陕西汽车控股集团有限公司、威马汽车技术有限公司、中国第一汽车集团有限公司、中国重型汽车集团有限公司。（按企业首字母拼音排序，下同）主要起草人有：闫建、谭兵、罗半建、简浩涵、陈文尧、白贵勇、张一明、常情、磐邦金、陆盛斌、李建辉、刘建华、刘金锋、齐熹宇、孙兴龙、王俊伟、魏明伟、汪涛、俞海金、鲁军飞、赵超丽、张杰、张金宝、张邦付、周正威。

四、本《规范》审定单位有：汽车行业职业技能评价工作委员会、安徽江淮

⊙ 国家职业技能标准汽车行业评价规范文件截图

识的考核，更强调其实践技能的运用，确保了评价的全面性和准确性。

当这套国家职业技能标准正式颁布实施时，整个汽车行业都为之振奋。长安汽车作为首批试点企业，率先在内部推行了这一标准。很快，他们就感受到了这一标准带来的巨大变化：技能人员的技能水平得到了显著提升，生产效率大幅提高，产品的质量和竞争力也跃上了一个新的台阶。

刘源看着这一切的变化，心中充满了欣慰和自豪。他知道，自己和同仁的努力和智慧已经为长安汽车和整个汽车行业带来了实实在在的效益。同时，他也深知，这只是一个开始，未来还有更多的挑战和机遇在等待着他们。

在一次与同事的交流中，刘源感慨地说："我们制定的这套标准，不仅仅是为了评价技能人员的水平，更是为了激励他们不断学习、不断进步。只有这样，我们的技能人员才能跟上时代的步伐，推动汽车行业持续向前发展。"

他的同事们纷纷点头表示赞同，他们深知，在刘源的带领下，长安汽车和整个中国汽车行业的未来一定会更加美好。而刘源，也将继续为长安汽车和整个中国汽车行业的发展贡献自己的智慧和力量。

第八章 水墨丹青，绘写佳绩

扫码解锁

◉群英颂歌◉匠心独运
◉技术驱动◉奋斗底色

顶峰相见，当选全国劳模

自20世纪90年代以来，针对全国劳动模范的表彰如星辰般每五年在时光的天幕上璀璨一闪，照亮着无数劳动者的心灵，见证着全国各行各业涌现出的劳动模范和先进工作者，他们在平凡的岗位上用自己的汗水和智慧创造出不平凡的业绩，为社会的进步贡献着力量。

2020年，刘源荣获"全国劳动模范"称号。11月24日这一天，对刘源来说是一个意义非凡的日子，他人生中第一次踏入人民大会堂，参加全国劳动模范和先进工作者表彰大会。刘源的心跳如同擂鼓，每一次跳动都伴随着血液在体内激荡，让他既紧张又兴奋。他的脚步在地面上轻轻踏过，每一步都似乎在发出轻微的回响，应和着内心激动的旋律。

刘源的目光被巨大的穹顶所吸引，红五星嵌在中央，四周璀璨的灯光如同闪烁的星辰，整个大厅金碧辉煌，熠熠生辉。

他深吸一口气，空气中弥漫着一种庄重而又神圣的气息，仿佛能洗净心灵的尘埃。这种气息让他的内心变得异常宁静，仿佛所有的喧嚣和纷扰都被隔绝在外。他挺直了腰板，感受到一种前所未有的自豪。

走在这条通往荣誉的道路上，刘源的脑海中闪过一幕幕往事。他回忆起在工厂里度过的那些日夜，汗水浸湿了衣背，双手布满了老茧。他想起与同事们并肩作战的情景，他们一起攻克难关，一起分享成功的喜悦。这些记忆在他的心中翻涌着，化作一股强大的力量，推动着他继续前行。

他环顾四周，看到来自全国各地的劳模们，他们或年轻或年长，但每个人的脸上都洋溢着自豪与激动的笑容。他们的目光中闪烁着对未来的憧憬和希望，仿佛在说："我们，是时代的见证者，是国家的骄傲！"

中共中央总书记、国家主席、中央军委主席习近平亲临大会现场，发表了振奋人心的讲话。他代表党中央、国务院，向受到表彰的全国劳动模范和先进工作者表示热烈的祝贺，向为改革开放和社会主义现代化建设作出突出贡献的工人阶级和广大劳动群众致以诚挚的问候！这一刻，会场内掌声雷动，每一位劳动者的心中都涌动着无比的自豪与激动。

伴随着激昂的音乐，刘源代表重庆市劳动模范和先进工作者上台接受中央领导颁奖。当刘源在属于自己的位置上站定与习近平总书记对视的那一刻，他的心跳加速，内心无比激动。他热切而深情地注视着这位共和国的领导人，习近平总书记也微微向他点头示意。虽然已在脑海中预演过多次与习近平总书记见面的场景，但直到下台，刘源仍感觉自己的身体因被兴奋充斥而隐隐战

⊙ 2020年11月，刘源参加全国劳动模范和先进工作者表彰大会时留影

⊙ 2023年4月，刘源作为劳模工匠先进代表的照片

栗。他明白这份荣誉不仅是对他个人的肯定，更是对千千万万像他一样默默奉献在生产线上的劳动者的褒奖。他深深感谢以习近平同志为核心的党中央对工人阶级及技能人才的高度重视和关怀，这份关怀如同温暖的阳光，照亮了他们前行的道路。

刘源闭上眼睛，默默地许下一个愿望。他感受到胸前那枚全国劳模奖章沉甸甸的，不仅是因为它的实际重量，更是因为它所承载的荣誉和责任。这枚奖章是对他过去努力的肯定，也是对他未来继续奋斗的激励。

再次睁开眼时，刘源的目光更加坚定而明亮。他的脸上洋溢着自信与骄傲的笑容，那是对过去的无悔和对未来的期待。

次日，重庆市的领导们亲切会见了包括刘源在内的重庆市受表彰的全国劳动模范和先进工作者代表，领导们向受到表彰的全国劳动模范和先进工作者表示热烈祝贺，并向他们致以诚挚的问候。领导们的关怀与鼓励，如同春风拂面，让刘源等人感到十分温暖。

刘源深知，全国劳动模范的荣誉是顶峰，但绝对不是终点。他将以自己全部的能力和精力，投入公司第三次创业——创新创业计划的大潮中去。对他来说，劳模精神不仅是一种追求，更是一份沉甸甸的承诺。在未来的工作中，他将继续发扬劳模工匠精神，立足岗位，兢兢业业，精益求精，追求卓越。他将始终坚定理想信念，以技术创新为引领，用智能制造托起中国梦的辉煌篇章！

牢记使命，庆祝建党百年

2021年7月1日，北京天安门广场上人声鼎沸，红旗招展，一片欢腾的景象。刘源无比荣幸地置身于这壮阔的场景之中，与7万余名现场群众共同见证了中国共产党百年华诞的辉煌时刻。

在建党百年的光辉时刻，天安门广场上汇聚了来自全国各地的工人代表，他们和刘源一样身着整洁的工装，脸上洋溢着自豪与激动的笑容。他们胸前的党员徽章在阳光下熠熠生辉。

他们或站或坐，三五成群聚在一起，兴奋地交流着各自的感受和心得。有的工人代表手捧鲜花，不时向天空挥舞，仿佛要将这份喜悦与祝福送给远方的亲人和同事；有的则紧握拳头，眼中闪烁着坚定的光芒，似乎在默默发誓要继续为祖国的繁荣富强贡献自己的力量。

在人群中，一位老工人代表格外引人注目。他头发花白，但精神矍铄，胸前的几枚奖章在阳光下闪耀着夺目的光芒。他时而与身旁的年轻工人代表亲切交谈，传授自己的工作经验和人生智慧；时而抬头望向天安门城楼，眼中满是对党和国家的

⊙ 2021年7月，刘源（右二）参加庆祝中国共产党成立100周年大会留影

无限热爱与感激。

当大会正式开始，雄壮的国歌响起时，刘源同所有的代表一起面向国旗肃立，高声唱起国歌。他们的歌声坚定而有力，每一个音符都饱含着对祖国的深情厚谊和对党的无限忠诚。在这一刻，天安门广场仿佛有一种无形的力量在凝聚，所有人的心都紧紧相连，共同见证着这一历史性的时刻。

习近平总书记的讲话将大会的气氛推向高潮，他的每一句话都如同春雷般振奋着每一个人的心弦，激发了无数人的斗志激情。掌声如潮，连绵不绝，自豪的欢呼与呐喊声交织在一起，回荡在广场的每一个角落，形成了一股不可阻挡的力量。置身于这股力量的洪流之中，刘源深受触动，内心涌动着难以言喻的激动与感慨。那一刻，刘源感到热血在胸中沸腾，作为一名身处一线、默默奉献的技术人员，他深切地感受到了身为中华儿女的无上荣耀与自豪。

这份荣耀与自豪，同时也化为沉甸甸的责任与使命。他深知，作为一名一线技术人员，自己肩上的担子比以往任何时候都要更加沉重。因此，他决心依托工作室这一平台，加速高技能人才的培养进程，努力攻克关键设备的自主维护与研发难题，始终将习近平总书记"一定要把关键核心技术掌握在自己手里"和"把民族汽车品牌搞上去"的重要指示铭记于心，以更加饱满的热情和坚定的信念，为民族汽车工业的发展和重庆市的经济建设贡献自己的力量。

作为重庆产业工人的杰出代表，站在天安门广场这一神圣之地，他深刻感受到了实现中华民族伟大复兴的紧迫性和责任感。他暗自发誓，要立足本职岗位，深深扎根于生产一线，紧盯智能制造水平的提升，积极践行新时代工匠精神，充分利用国家级技能大师工作室的资源与优势，加快培养更多高技能人才，加速推进技术创新项目的研究与实施。他要将自己的一切毫无保留地献给党，献给民族汽车事业，为公司的第三次创业征程贡献自己全部的力量与智慧。

再担重托，成为党的二十大代表

2022年5月，绿意盎然，蔷薇花墙新绿的叶子与深浅不一的花朵交织，沿着马路铺展开来。在花朵的绽放中，重庆市第六次党代表大会的帷幕缓缓拉开，一个振奋人心的消息飞入生产车间，刘源被光荣地选举为党的二十大代表。这位扎根生产一线、以勤劳双手书写工匠精神的国家级技能大师，成为重庆市独一无二的一线产业工人党员代表。

当刘源得知这一消息后，他内心的激动如同春日里破土而出的新芽，瞬间在心田蔓延开来。这份荣誉不仅是对他个人的认可，更是对他多年来在党支部辛勤工作的肯定。他仿佛看到了一束光，照亮了他前行的道路，让他的心中充满了希望和力量。

回想起刚接手党团工作时的自己，刘源在记忆中看到的是一个内向而少言的青年。但是在党支部和团组织的相关工作中，他逐渐找到了自己的位置和价值。与同志们的交流，让他学会了倾听和表达；参与党支部的各种活动，锻炼了他的组织能力和协调能力。在这个过程中，刘源逐渐成长为一个健谈、有担当的党员。

启程之前，单位领导及同事为刘源举行了党的二十大代表欢送会。同时，刘源也接受了市委组织部与国资委精心组织的学习培训，每一堂课都仿佛是为他即将肩负的使命添砖加瓦。他深知，此行不仅凝聚着同志们的坚定意志，更承载着市委的重托和全市人民的殷切期望。这份责任，如山般沉重，又如火般炽热，激励着他不断前行。

当刘源以党的二十大代表的身份，第二次踏入那庄严宏伟的人民大会堂时，他再次心潮澎湃，那份激动与自豪，如同春日的暖阳，照亮了他的高光时刻。人民大会堂内，每一砖每一瓦都似乎在诉说着历史的辉煌与未来的憧憬，让他感到十分荣耀。

2022年10月16日，党的二十大会议现场，刘源屏息凝神，聆听着那份振奋人心的报告。当习近平总书记的话语响彻会场，2000多名党代表的掌声如雷鸣般响起、如潮水般汹涌，回荡在人民大会堂的每一个角落，也震撼着刘源的心房。

报告中关于"实施科教兴国战略，强化现代化建设人才支撑"的内容，让刘源深有感触。他深知，培养技能人才是推动制造业高质量发展的关键。党的十八大以来，党中央对高技能人才队伍建设的重视程度前所未有。各级各部门积极响应，不断创新，破解难题，推动高技能人才队伍建设驶入了快车道。

从传统机器的轰鸣到自动化生产线的流畅，刘源维修的设备日益智能化，所需掌握的技术也日益复杂。这背后，是制造业转型升级的浪潮，也是长安汽车奋力通过智能制造升级，用智慧的生产线打造智能产品的生动写照。

过去的10年，长安汽车破茧成蝶，成长为国内产销量增幅最大的车企之一。这一成就，得益于长安汽车面对激烈市场竞争时的主动战略转型。展望未来，长安汽车雄心勃勃，规划到2025年，长安品牌销量将达到300万辆，新能源汽车占比35%；而到2030年，将打造世界级品牌，销量冲刺500万辆，新能源汽车占比提升至70%，海外销量占比达到30%。

作为这一辉煌历程的亲历者，刘源深知，要在关键维修技术上实现自主可控，为生产线提供及时支持，保障其安全运转，必须打造一支高水平的维修团队。如今，他不仅要为自己撑伞，更要为别人撑伞。因此，他正紧锣密鼓地牵头编制《长安汽车机电维修岗位能力认证课程》，用自己多年积累的宝贵经验，为年轻技工的成长铺设道路。

⊙ 2022年10月，领导及同事欢送刘源（一排左四）赴京参会时留影

⊙ 2022年10月，刘源在人民大会堂前留影

刘源坚信，只要心中有光，就能照亮前行的路。他将带着这份荣誉和责任，继续前行。作为一名党员，同时也是长安汽车刘源国家级技能大师工作室的负责人，刘源明白自己的责任与使命。在未来的工作中，他将不遗余力地加大设备维修高技能人才的培养力度，为生产设备的正常运行保驾护航；持续提升团队的技术能力，为汽车行业的发展再立新功；紧跟时代步伐，为我国打造智造强国的目标贡献自己的力量，让工匠精神在新时代的浪潮中熠熠生辉。

第九章　江河不息，逐梦未来

扫码解锁

◎群英颂歌◎匠心独运
◎技术驱动◎奋斗底色

步履不停，创新斩获佳绩

2023年的春风携带着希望的种子，轻轻吹拂过刘源的心间。这位汽车制造领域的科技先锋正站在他精心打造的"柔性焊装输送系统仿真设备"前，脸上洋溢着自豪与期待。这台设备，犹如一颗科技新星，横空出世，瞬间点亮了国内柔性焊装输送生产线仿真培训的苍穹。

在此之前，国内汽车制造行业在设备维护人员的技能培训上一直面临困境。市场上缺乏合适的国产仿真培训设备，导致技术人员们只能依靠理论和想象进行学习，技能提升受限，相关专业的学生们也难以接触到真正的生产设备，缺乏就业竞争力。

然而，刘源和他的团队并没有被这个难题困住。他们深知，创新是打破僵局的唯一出路。于是，他们夜以继日地钻研，经过无数次试验与改进，终于研发出了这款"柔性焊装输送系统仿真设备"。它的诞生，如同春雨般滋润了汽车制造行业设备维护人员的心田，为他们带来了希望。

"以前，我们只能凭空想象设备的工作原理，现在有了这

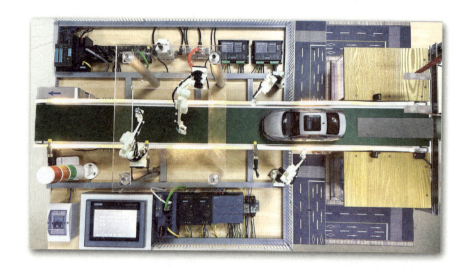

⊙ 上图　柔性焊装输送系统仿真设备（初代）整体
⊙ 下图　2023年，刘源在调试柔性焊装输送系统仿真设备

个仿真设备，我们可以亲手操作，感受每一个细节。"一位设备维护人员兴奋地分享着他的体验。确实，这款设备通过高度逼真的模拟，让维护人员能够在虚拟环境中进行实际操作，使其技能水平得到快速提升。

对于在校学生而言，这款设备更是他们接触实际生产设备的宝贵桥梁。"在课堂上，我们是通过书本和老师的讲解来间接了解设备的，现在有了这个仿真设备，我们可以提前感受企业生产的氛围，掌握相关知识，这对我们以后的就业太有帮助了！"一位学生激动地说道。

此外，这款设备的推广还为企业降低了人才培养成本，推动了校企合作的新模式。一家汽车制造企业的负责人表示："通过与刘源团队的合作，我们更加清晰地了解了学校的培训内容和学生的实际情况，这为我们招聘到合适的人才提供了有力支持。"

在聚焦技能提升、助力产教融合的道路上，这款设备发挥了举足轻重的作用。它不仅提高了汽车制造行业设备维护人员的技术水平，还为学生们提供了宝贵的实践机会，培养了他们的实际操作能力。

更令人振奋的是，在重庆市国防邮电工会举办的"五小三绝"创新劳动和技能竞赛中，这款设备凭借出色的性能和创新的设计，一举夺得了二等奖。随后，它还代表重庆市参加了第二届大国工匠创新交流大会，并获得2023年度全总职工创新补助资金20万元的支持。这一成绩不仅得到了各级领导的高度认可，也引起了社会各界人士的广泛关注。

如今，这款设备已经获得了专利授权，未来有望为更多企业和学生带来实际效益。刘源站在设备前，望着远方，心中充满了对未来的无限憧憬。也许未来还有更多的挑战等待着他，但他坚信关关难过关关过，只要不断创新，勇攀高峰，就一定能够创造出更加辉煌的明天。

汽车智造，国际合作新篇章

"发展新能源汽车是我国从汽车大国迈向汽车强国的必由之路"，2014年，习近平总书记在上汽集团考察时的这一重要指示，犹如一声嘹亮的号角，为中国汽车产业"换道超车"、勇攀汽车强国之巅指明了方向。

我国制造业总体规模以连续十五年全球第一的辉煌战绩，彰显出无与伦比的实力；我国新能源汽车产销量更是连续十年稳居全球榜首，书写着属于中国的传奇。在这历史性的时刻，中国汽车工业制造、技术与标准，正被赋予走向世界、引领潮流的崇高使命。

在"泰国职业院校新能源汽车专业课程标准建设"推进会

的前夕，泰国那空帕农大学派出了由校长塔瓦柴·苏帕迪特和副校长科恩柴·蓬拉帕塔拉楚克伦率领的代表团，远赴刘源国家级技能大师工作室，开启了一场意义深远的交流之旅。

在温馨的氛围中，双方共同展望了未来合作的广阔前景：从人才培养到师资培训，从课程研发到科学研究，每一个领域的深入合作都将成为双方资源共享、优势互补、共同发展的坚实基础。刘源深知，这不仅仅是一次简单的交流，更是中国汽车技术和标准等"软实力"迈向国际舞台的历史性契机。

他坚信，汽车工业硬实力与软实力的同步"出海"，将为中国迈向汽车强国的征途铺设一条坚实的道路。这一信念，在长安汽车品牌东南亚发布会的璀璨光芒中得到了最好的诠释。2023年11月27日，长安汽车在泰国曼谷宣布，将泰国打造为长安汽车全球化战略的桥头堡，立足泰国，辐射东南亚国家及全球右舵市场。一场关于中国汽车工业的全球化盛宴就此拉开序幕。

随着长安汽车的泰国新能源汽车生产基地破土动工，以及中国独立知识产权技术培训中心全面布局，中国汽车工业的"软实力"正在以不可阻挡之势走向世界。这一系列耀眼的变化，不仅吸引了泰国的目光，也吸引了同为东盟国家的老挝的关注。

2023年，在中国—老挝职业教育发展共同体成立两周年年会暨中老职业教育发展论坛上，老挝与工作室结下了不解之缘。

　　2024年7月，老挝教育体育部职业技术教育司副司长通萨来渝，亲赴刘源国家级技能大师工作室进行调研。他握住刘源的手，意味深长地表达了与工作室共同探索、联合培养技术技能型人才的愿望，希望通过"一带一路"这一桥梁，共同推动中老职业教育的高质量发展，让中国汽车工业的"软实力"在国际舞台上绽放更加耀眼的光芒。

　　刘源深知，这些"软实力"的积累绝非一蹴而就，而是需要中国工匠们一代又一代不懈努力。为了迎接高端智能电动汽车时代的到来，他再次投身全新的挑战，研发基于虚拟现实技术的机器人VR培训系统。

　　这一系统能够开展机器人结构认知和拆装维护的虚拟仿真培训，让学员轻松掌握机器人的内部结构及拆装流程，更具备强大的拓展功能，为后续其他VR项目的加入提供无限可能。在系统中，学员们也可以身临其境地体验维修场景，这样的培训不仅能够帮助他们迅速掌握技能，还能大幅降低人才培养的成本。凭借30多年的维修经验，刘源深知这个行业的需求和挑战，新技术的应用对于行业未来发展具有重大的意义。因此，尽管面临重重困难，他仍全力推动这一项目的实施。

　　"伴随着中国制造在全球崛起，我衷心希望中国技术、中国工匠、中国工匠精神能够走向世界、影响世界。"刘源的话语中充满了坚定与自信。他深信，中国智造不仅是这段辉煌历史的见证者，更是未来的创造者。

⊙ 2023年11月，中国—老挝职业教育发展共同体成立两周年年会暨中老职业教育发展论坛的合影